儒家哲学
七讲

梁启超 著

北京大学出版社
PEKING UNIVERSITY PRESS

图书在版编目 (CIP) 数据

儒家哲学七讲 / 梁启超著. — 北京：北京大学出
版社，2023.11

ISBN 978-7-301-34419-4

Ⅰ.①儒… Ⅱ.①梁… Ⅲ.①儒家 – 哲学思想 – 研究
Ⅳ.① B222.05

中国国家版本馆 CIP 数据核字 (2023) 第 174767 号

书　　　名	儒家哲学七讲
	RUJIAZHEXUE QIJIANG
著作责任者	梁启超　著
责 任 编 辑	闵艳芸　李凯华
标 准 书 号	ISBN 978-7-301-34419-4
出 版 发 行	北京大学出版社
地　　　址	北京市海淀区成府路 205 号　　100871
网　　　址	http://www.pup.cn　　新浪微博：@ 北京大学出版社
电 子 邮 箱	zpup@pup.cn
电　　　话	邮购部 010-62752015　发行部 010-62750672　编辑部 010-6275282
印 刷 者	北京楠萍印刷有限公司
经 销 者	新华书店
	880 毫米 ×1230 毫米　32 开本　8.25 印张　144 千字
	2023 年 11 月第 1 版　2023 年 11 月第 1 次印刷
定　　　价	58.00 元

编者前言

作为中国近现代历史上如雷贯耳的人物，梁启超身上有太多的标签。

他曾是一名习八股的旧式读书人，一度成为被人嘲笑的"保皇派"；他又是一位变革者，戊戌变法的领袖之一，民国初年的司法总长，护国运动的组织和参与者；他还倡导过"小说界革命"，更亲自操刀写了科幻小说《新中国未来记》。

他是学贯中西的学术大家、"清华四导师"之一，蔡锷、陈独秀、胡适、徐志摩等后学、弟子、门生数不胜数；晚年多种疾病并发，但还是坚持讲演、著述。他说："战士死于沙场，学者死于讲台。"

他还是一位发明家、翻译者，"中华民族""新中国""国民""经济""金融""组织""干部""莎士比亚"等词汇，或是他引进、首倡，或是经他用过之后便发扬光大，流传开来。1902年10月，梁启超在《新民丛报》发表《进化论革命者颉德之学说》，文中

1

说"麦喀士（马克思），日尔曼人，社会主义之泰斗也"，开中国人介绍马克思及其学说之先河。

这么多标签之中，"多变"似乎是其百科全书式人物形象的另一种诠释。政治主张由拥君，到君主立宪，再到虚君共和，再到共和，一变再变。学术上亦是"不惜以今日之我，难昔日之我"，对待国学西学也似乎前后说法不一，为人诟病。但其实，他二十多岁就在《变法通议》中指出："变者天下之公理也……大势相迫，非可阏制。变亦变，不变亦变。"梁启超的思想、身份的新旧转换，正是中国从近代向现代转型的大变革时代的一个缩影。梁启超本人，是研究中国百年现代化的不可多得的一个样本。

今年是梁启超诞辰150周年。斯人远去已近一个世纪，然其生前所面临的、提出的一些问题，仍值得今天的我们关注与探讨，其中最重要的问题就是：在外来文化的巨大冲击和压力之下，如何重新审视我们自身的文化传统并对之进行现代性的转化。

在二十世纪中国新文化运动的高峰期，梁启超站在"全盘西化"与"坚守传统"缠斗的风口浪尖，以中西文化交融的视角、世界主义的眼光与"新民"的宗旨，对中国的传统文化展开了系统梳理和深入研究。梁启超这样表述他学术研究的新思路："拿西洋的文明来扩充我的文明，又拿我的文明去补助西洋的文明，叫他化合起来成一种新文明。"

本系列名为"梁启超经典讲读系列"，顾名思义，是从梁启超论述、解读中国传统文化经典的相关著述和演讲中精选相关内容汇编而成，初辑三种，分别为《先秦诸子七讲》《儒家哲学七讲》《阳明心学七讲》。书中语言平白质朴，一代学术巨擘的思考见地，普通人亦可研读意会。

梁启超曾告诫学子说："青年诸君啊！须知学问的殖民地丰富得很，到处可以容你做哥伦布，只看你有无志气有无耐性罢了。"

愿与读者共勉。

2023年10月

目 录
contents

第一讲　儒家哲学是什么 / 001

　　儒家哲学是什么 / 002

第二讲　为什么要研究儒家哲学 / 009

　　为什么要研究儒家哲学 / 010

　　如何研究儒家哲学 / 017

第三讲　儒学的兴起 / 027

　　儒学的兴起 / 028

第四讲　中国儒学变迁概略（上）/ 041

　　中国儒学变迁概略（上）/ 042

第五讲　中国儒学变迁概略（下）/ 057

　　中国儒学变迁概略（下）/ 058

第六讲　儒家的基本思想 / 103

　　仁 / 104

　　礼 / 113

　　天 / 120

　　命 / 126

　　性 / 132

　　心体 / 155

　　中庸 / 165

第七讲　儒家经典 / 173

　　《诗经》 / 174

　　《礼记》 / 194

　　《易》 / 218

　　《春秋》 / 236

第一讲

儒家哲学是什么

儒家哲学是什么^①

　　"哲学"二字，是日本人从欧文翻译出来的名词，我国人沿用之，没有更改。原文为Philosophy，由希腊语变出，即爱智之意。因为语源为爱智，所以西方人解释哲学为求知识的学问。求的是最高的知识，统一的知识。

　　西方哲学之出发点，完全由于爱智，所以西方学者主张，哲学的来历起于人类的好奇心。古代人类看见自然界形形色色，有种种不同的状态，遂生惊讶的感想。始而怀疑，既而研究，于是成为哲学。

　　西方哲学，最初发达的为宇宙论、本体论，后来才讲到论理学、认识论。宇宙万有，由何而来？多元或一元，唯物或唯心，造物及神是有是无？有神如何解释？无神如何解释？……是为宇宙论所研究的主要问题。

　　此类问题，彼此两方，持之有故，言之成理，辩论终久不决。后来以为先决问题，要定出个辩论及思想的

---

① 本文节选自梁启超《儒家哲学》，收入《饮冰室合集·专集》第24册，中华书局1936年版。

方法和轨范。知识从何得来？如何才算精确？还是要用主观的演绎法，先立原理，后及事实才好？还是采客观的归纳法，根据事实，再立原理才好？这样一来，就发生论理学。

再进一步，我们凭什么去研究宇宙万有？人人都回答道：凭我的知识。但知识本身到底是什么东西呢？若不穷究本源，恐怕所研究的都成沙上楼阁了。于是发生一种新趋向，从前以知识为"能研究"的主体，如今却以知识为"所研究"的对象，这叫做认识论。认识论发生最晚，至康德以后，才算完全成立。认识论研究万事万物，是由知觉来的真，还是由感觉来的真？认识的起源如何？认识的条件如何？认识论在哲学中最晚最有势力。有人说除认识论外，就无所谓哲学，可以想见其位置的重要了。

这样说来，西洋哲学由宇宙论或本体论趋重到论理学，更趋重到认识论，彻头彻尾都是为"求知"起见。所以他们这派学问称为"爱智学"，诚属恰当。

中国学问不然，与其说是知识的学问，毋宁说是行为的学问。中国先哲虽不看轻知识，但不以求知识为出发点，亦不以求知识为归宿点。直译的Philosophy，其含义实不适于中国。若勉强借用，只能在上头加上个形容词，称为人生哲学。中国哲学以研究人类为出发点，最主要的是人之所以为人之道：怎样才算一个人？人与人相互有什么关系？

世界哲学大致可分三派：印度、犹太、埃及等东方国家，专注重人与神的关系；希腊及现代欧洲，专注重人与物的关系；中国专注重人与人的关系。中国一切学问，无论哪一时代，哪一宗派，其趋向皆在此一点，尤以儒家为最博深切明。

儒家哲学，范围广博。概括说起来，其用功所在，可以《论语》"修己安人"一语括之。其学问最高目的，可以《庄子》"内圣外王"一语括之。做修己的功夫，做到极处，就是内圣；做安人的功夫，做到极处，就是外王。至于条理次第，以《大学》上说得最简明。《大学》所谓"格物致知诚意正心修身"，就是修己及内圣的功夫；所谓"齐家治国平天下"，就是安人及外王的功夫。

然则学问分作两橛吗？是又不然。《大学》结束一句"一是皆以修身为本"。格致诚正，只是各人完成修身功夫的几个阶级；齐家治国平天下，只是各人以已修之身去齐他治他平他，所以"自天子以至于庶人"，都适用这种工作。《论语》说"修己以安人"，加上一个"以"字，正是将外王学问纳入内圣之中，一切以各人的自己为出发点。以现在语解释之，即专注重如何养成健全人格。人格锻炼到精纯，便是内圣；人格扩大到普遍，便是外王。儒家千言万语，各种法门，都不外归结到这一点。

以上讲儒家哲学的中心思想，以下再讲儒家哲学的范围。孔子尝说："知、仁、勇三者，天下之达德也。""知者不惑，仁者不忧，勇者不惧。"自儒家言之，必三德具备，人格才算完成。这样看来，西方所谓爱智，不过儒家三德之一，即智的部分。所以儒家哲学的范围，比西方哲学的范围，阔大得多。

儒家既然专讲人之所以为人，及人与人之关系，所以它的问题，与欧西问题，迥然不同。西方学者唯物唯心、多元一元的讨论，儒家很少提及。西方学者所谓有神无神，儒家亦看得很轻。《论语》说："子不语怪力乱神。"孔子亦说："未知生，焉知死。"把生死神怪看得很轻，这是儒家一大特色。亦可以说与近代精神相近，与西方古代之空洞谈玄者不同。

儒家哲学的缺点，当然是没有从论理学、认识论入手。有人说它空疏而不精密，其实论理学、认识论，儒家并不是不讲。不过因为方面太多，用力未专，所以一部分的问题，不如近代人说得精细。这一则是时代的关系，再则是范围的关系，不足为儒家病。

东方哲学辩论得热闹的问题，是些什么？如：

1.性之善恶，孟荀所讨论。

2.仁义之内外，告孟所讨论。

3.理欲关系，宋儒所讨论。

4.知行分合，明儒所讨论。

此类问题，其详细情形，以后再讲。此地所要说明的，就是中国人为什么注重这些问题。他们是要讨论出一个究竟，以为各人自己修养人格或施行人格教育的应用，目的并不是离开了人生，翻腾这些理论当玩意儿，其出发点与西方之以爱智为动机者不同。凡中国哲学中最主要的问题，欧西古今学者，皆未研究，或研究的路径不一样。而西方哲学中最主要的问题，有许多项，中国学者认为不必研究；有许多项，中国学者认为值得研究，但是没有研究透彻。

另外有许多问题，是近代社会科学所研究的，儒家亦看得很重。在外王方面，关于齐家的，如家族制度问题；关于治国的，如政府体制问题；关于平天下的，如社会风俗问题。所以要全部了解儒家哲学的意思，不能单以现代哲学解释之。儒家所谓外王，把社会学、政治学、经济学……都包括在内；儒家所谓内圣，把教育学、心理学、人类学……都包括在内。

因为这个缘故，所以标题"儒家哲学"四字，很容易发生误会。单用西方治哲学的方法研究儒家，研究不到儒家的博大精深处。最好的名义，仍以"道学"二字为宜。先哲说："道者，非天之道，非地之道，人之所以道也。"又说："道不远人，人之为道而远人，不可以为道。"道学只是做人的学问，与儒家内容最吻合。

但是《宋史》有一个《道学传》，把道学的范围弄得很窄，限于程朱一派。现在用这个字，也易生误会，只好亦不用它。

要想较为明显一点，不妨加上一个"术"字，即庄子《天下》篇所说"古之道术有在于是者"的"道术"二字。"道"字本来可以包括术，但再分细一点，也不妨事。道是讲道之本身，术是讲如何做去才能圆满。儒家哲学，一面讲道，一面讲术；一面教人应该做什么事，一面教人如何做去。

就前文所举的几个问题而论，如性善恶问题，讨论人性本质，是偏于道的；如知行分合问题，讨论修养下手功夫，是偏于术的。但讨论性善恶，目的在教人如何止于至善以去其恶，是道不离术；讨论知行，目的在教人从知入手或从行入手以达到理想的人格境界，是术不离道。

外王方面亦然，"民德归厚"是道，用"慎终追远"的方法造成它便是术；"政者正也"是道，用"子帅以正"的方法造成它便是术；"平天下""天下国家可均"是道，用"所恶于上毋以使下，所恶于下毋以事上"的"絜矩"方法造成它便是术。道术交修，所谓"六通四辟小大精粗其运无乎不在"。儒家全部的体用，实在是如此。

由此言之，本学程的名称，实在以"儒家道术"四字为最好。此刻我们仍然用"儒家哲学"四字，因为大家都用惯了，"吾从众"的意思。如果要勉强解释，亦未尝说不通。我们所谓哲，即圣哲之哲，表示人格极其高尚，不是欧洲所谓Philosophy范围那样窄。这样一来，名实就符合了。

第二讲

为什么要研究儒家哲学

为什么要研究儒家哲学①

为什么要研究儒家哲学？这个问题，本来可以不问，因为一派很有名的学说，当然值得研究。我们从而研究之，那本不成问题。不过近来有许多新奇偏激的议论，在社会上渐渐有了势力，所以一般人对于儒家哲学异常怀疑。青年脑筋中，充满了一种反常的思想，如所谓"专打孔家店""线装书应当抛在茅坑里三千年"，等等。此种议论，原来可比得一种剧烈性的药品。无论怎样好的学说，经过若干时代以后，总会变质，掺杂许多凝滞腐败的成分在里头。譬诸人身血管变成硬化，渐渐与健康有妨碍，因此，须有些大黄、芒硝一类瞑眩之药泻他一泻。所以那些奇论，我也承认它们有相当的功用。但要知道，药到底是药，不能拿来当饭吃。若因为这种议论新奇可喜，便根本把儒家道术的价值抹杀，那便不是求真求善的态度了。现在社会上既然有了这种议论，而且很占些势力，所以应当格外仔细考察一回。我

---

① 本文节选自梁启超《儒家哲学》。

们要研究儒家哲学的原因，除了认定为一派很有名的学说而研究之以外，简括说起来，还有下列五点：

1.中国偌大国家，有几千年的历史，到底我们这个民族，有无文化？如有文化，我们此种文化的表现何在？以吾言之，就在儒家。

我们这个社会，无论识字的人与不识字的人，都生长在儒家哲学空气之中。中国思想儒家以外，未尝没有旁的学派。如战国的老墨，六朝、唐的道佛，近代的耶回，以及最近代的科学与其他学术。凡此种种，都不能拿儒家范围包举它们；凡此种种，俱为形成吾人思想的一部分，不错。但是我们批评一个学派，一面要看它的继续性，一面要看它的普遍性。自孔子以来，直至于今，继续不断的，还是儒家势力最大。自士大夫以至舆台皂隶普遍崇敬的，还是儒家信仰最深。所以我们可以说，研究儒家哲学，就是研究中国文化。

诚然，儒家以外，还有其他各家。儒家哲学，不算中国文化全体；但是若把儒家抽去，中国文化恐怕没有多少东西了。中国民族之所以存在，因为中国文化存在；而中国文化，离不了儒家。如果要专打孔家店，要把线装书抛在茅坑里三千年，除非认过去现在的中国人完全没有受过文化的洗礼。这话我们肯甘心吗？

中国文化，以儒家哲学为中心，所以能流传到现在，如此的久远与普遍，其故何在？中国学术，不满人意之处尚多，为什么有那些缺点？其原因又何在？吾人至少应当把儒家哲学细细研究，重新估价。当然，该有许多好处，不然，不会如此悠久绵远。我们很公平地先看它好处是什么，缺点是什么。有好处把它发扬，有缺点把它修正。

2.鄙薄儒家哲学的人，认为是一种过去的学问，旧的学问。这个话，究竟对不对？一件事物到底是否以古今新旧为定善恶的标准，这是一个很大的问题。

我们不能说新的完全是好的，旧的完全是坏的，亦不能说古的完全都是，今的完全都不是。古今新旧，不足以为定善恶是非的标准。因为一切学说，都可以分为两类：一种含有时代性，一种不含时代性，即《礼记》所谓有"得与民变革者"，有"不可得与民变革者"。

有许多学说，常因时代之变迁而减少其价值，譬如共产与非共产，就含有时代性。究竟是共产相利，还是集产相利，抑或劳资调和相利，不是含时代性就是含地方性。有的在现在适用，在古代不适用。有的在欧洲适用，在中国不适用。

有许多学说，不因时代之变迁，而减少其价值。譬如不患寡而患不均，不患贫而患不安；利用厚生，量入为出；养人之欲，给人之求，都不含时代性，亦不含地方性。古代讲井田固然适用，近代讲共产亦适用。中国重力田，固然适用；外国重工商，亦能适用。

儒家哲学，外王的大部分，含有时代性的居多，到现在抽出一部分不去研究它也可以。还有内圣的全部，外王的一小部分，绝对不含时代性。如知仁勇三者，为天下之达德，不论在何时何国何派，都是适用的。

关于道的方面，可以说含时代性的甚少；关于术的方面，虽有一部分含时代性，还有一部分不含时代性。譬如知行分合问题，朱晦庵讲先知后行，王阳明讲知行合一。此两种方法都可用，研究他们的方法都有益处。儒家哲学，大部分不含时代性，不可以为时代古思想旧而抛弃之。

3.儒家哲学，有人谓为贵族的非平民的，个人的非社会的。不错，儒家道术，诚然偏重私人道德，有点近于非社会的。而且两千年来诵习儒学的人都属于"士大夫"阶级，有点近于非平民的。但是这种现象，是否儒学所专有，是否足为儒学之病，我们还要仔细考察一回。

文化的平等普及，当然是最高理想。但真正的平等普及之实现，恐怕前途还远着哩。美国是最平民的国家，何尝离得了领袖制度？俄国是劳农的国家，还不是一切事由少数委员会人物把持指导吗？因为少数人诵习受持，便说是带有贵族色彩，那么，恐怕无论何国家，无论何派学说，都不能免，何独责诸中国，责诸儒家呢？况且文化这件东西，原不能以普及程度之难易定其价值之高低。李白、杜甫诗的趣味，不能如白居易诗之易于普及享受；白居易诗之趣味，又不能如盲女弹词之易于普及享受。难道我们可以说《天雨花》比《白氏长庆集》好，《白氏长庆集》又比李杜集好吗？现代最时髦的平民文学、平民美术，益处虽多，然把文学美术的品格降低的毛病也不小，这是不能否认的事实。何况哲学这样东西，本来是供少数人研究的。主张"平民哲学"，这名词是否能成立，我不能不怀疑。

儒家哲学，偏重士大夫个人修养。表面看去，范围似窄，其实不然。士大夫的行为，关系全国的安危治乱及人民的幸福疾苦最大。孟子说得好："惟仁者宜在高位。不仁而在高位，是播其恶于众也。"今日中国国事之败坏，哪一件不是由在高位的少数个人造出来？假如把许多掌握权力的马弁强盗，都换成多读几卷书的士大夫，至少不至闹到这样糟。假使穿长衫的穿洋服的先生们，真能如儒家理想所谓"人人有士君子之行"，天下事有什么办不好的呢？我们受高等教育的青年，将来都是社会领袖。造福造祸，就看我们现在的个人修养何如。儒家哲学专注重此点，能说它错吗？

4.有人说自汉武帝以来，历代君主，皆以儒家做幌子，暗地里实行高压政策。所以儒家学问，成为拥护专制的学问，成为奴辱人民的学问。

诚然历代帝王，假冒儒家招牌，实行专制，此种情形，在所难免。但是我们要知道，几千年来，最有力的学派，不唯不受帝王的指使，而且常带反抗的精神。儒家开创大师，如孔、孟、荀都带有很激烈的反抗精神，人人知道的，可以不必细讲。东汉为儒学最盛时代，但是《后汉书·党锢列传》，皆属儒家大师，最令当时帝王头痛。北宋二程，列在元祐党籍；南宋朱熹，列在庆元党籍。当时有力的人，摧残得很厉害。又如明朝王阳明，在事业上虽曾立下大功，在学问上到处都受摧残。由此看来，儒家哲学也可以说是伸张民权的学问，不是拥护专制的学问；是反抗压迫的学问，不是奴辱人民的学问。所以历代儒学大师，非唯不受君主的指使，而且常受君主的摧残。要把贼民之罪加在儒家身上，那真是冤透了。

5.近人提倡科学，反对玄学，所以有科学玄学之争。儒家本来不是玄学，误被人认是玄学，一同排斥。这个亦攻击，那个亦攻击，几于体无完肤。

玄学之应排斥与否，那是另一问题。但是因为排斥玄学，于是排斥儒家，这就未免太冤。儒家的朱陆，有无极太极之辩，诚然带点玄学色彩。然这种学说，在儒家道术中地位极其轻微，不能算是儒家的中心论点。自孔孟以至陆王，都把凭空虚构的本体论搁置一边，哪能说是玄学呢？

再说无极太极之辩，实际发生于受了佛道的影响以后，不是儒家本来面目。并且此种讨论，仍由扩大人格出发，乃是方法，不是目的，与西洋之玩弄光景者不同。所以说玄学色彩，最浅最淡，在世界要算中国，在中国要算儒家了。

儒家与科学，不特两不相背，而且异常接近。因为儒家以人作本位，以自己环境做出发点，比较近于科学精神，至少可以说不违反科学精神。所以我们尽管在儒家哲学上力下功夫，仍然不算逆潮流、背时代。

据以上五种理由，所以我认为研究儒家哲学，在今日实为有益而且必要。

如何研究儒家哲学①

哲学的研究法，大概可分三种：

1.问题的研究法。

2.时代的研究法。

3.宗派的研究法。

无论研究东方哲学，或研究西方哲学，这三种方法，皆可适用，各有长处，亦各有短处。儒家哲学的研究，当然亦离不了这三种方法。现在把每一种方法的长处及其短处，先说明一下。

问题的研究法

所谓问题的研究法，就是把哲学中的主要问题，全提出来。每一个问题，其内容是怎样；从古到今，各家的主张是怎样。譬如儒家哲学的问题，就是性善性恶论、知行分合论……

---

① 本文节选自梁启超《儒家哲学》。

　　有许多问题，前代没有，后代才发生；有许多问题，前代很重视，后代看得很轻了；又有许多问题，自发生后几千年始终继续不断，无论哪家，无论东西，都有这种问题。把所有这种问题，分为若干章，将先后学的主张总括起来，加以研究。

　　譬如性善性恶问题。秦以前，孔子、孟子、荀卿，如何主张？到了汉朝，董仲舒、王充又如何主张？唐以后，韩愈、李翱如何主张？宋明程、朱、陆、王如何主张？直到清朝颜习斋、戴东原，又如何主张？把所有关于这个问题的议论，全都搜集在一块，然后细细研究，考察各家的异同得失。

　　这种方法的长处，是对于一个问题，自始至终，有系统的观念，得彻底的了解。从前各家主张的内容若何，现在研究到什么程度，都很明了。不至茫无头绪，亦不至漫无归宿，这是它的优点。

　　这种方法的短处，是对于各个学者的全部学说，不能普遍周衍。凡在哲学上大问题，作有力的解答的人，都是有名学者。但这些学者，不单解答一个问题，旁的方面尚多。而且要了解一个问题，不能不注意其他方面，因为彼此两方往往有连带关系。

　　譬如性善论是孟子主张的，性恶论是荀子主张的。他们学问的全部系统，与性善性恶都有关系。孟子为什么要主张性善，荀子为什么要主张性恶，牵连很多。因为性善恶的问题，牵到许多问题；不单是牵到许多问题，而且引动全部学说。

要是问题简单，比较尚还容易；问题稍为复杂，那就异常纷乱。单讲本问题，则容易把旁的部分抛弃，不能得一家学说的真相；旁的部分都讲，则头绪未免纷繁，很难捉住要点。

时代的研究法

所谓时代的研究法，专看各代学说的形成、发展、变迁及其流别。把几千年的历史，划分为若干时代。在每时代中，求其特色，求其代表，求其与旁的所发生的交涉。

譬如讲儒家哲学，大概分为：孔子一个时代，自春秋到秦，七十子及七十子后学者一并包括在内；两汉为一个时代，自西汉初至东汉末，把董仲舒、刘向、马融、郑玄等一并包括在内；魏晋到唐为一个时代，何晏、王弼到韩愈、李翱都包括在内；宋元明为一个时代，自宋初至明末，把周、程、朱、张及陆九渊、王阳明等一并包括在内；清代为一个时代，自晚明至民国，把顾炎武、黄梨洲、颜习斋、戴东原等，一并包括在内。

这种方法，其长处在于把全部学术，几千年的状况，看得很清楚；一时代的特色，说得很明白；各家的学说，懂得很完全；同源异流，同流交感，我们都把它研究得异常仔细。譬如春秋时代，不单讲儒家，还要讲道家、墨家。又如孟子、荀子，不单看他们的性善恶论，还要看他们旁的方面，其主张若何。所以学问的变迁，或者进化，或者腐败，都可以看得清楚。

这种方法，其短处在全以时代区分，所有各家关于几个重要问题的答案，截为数段。譬如讨论性善恶的问题，最早是孟子、荀卿，一个主张性善，一个主张性恶。过了百多年，到董仲舒、王充，主张性有善有恶。又过千多年，才到程朱，又分为天地之性、气质之性二种。又许多年，才到颜习斋、戴东原，又主张只有气质之性，性即是欲，不可强分为二。

关于这些问题的主张和答案，看得断断续续，不很痛快。哲学不外几个重要问题，一个问题都弄不清楚，也就失却哲学的要义了。而且一个问题，要说几次。譬如论性，讲完孟荀，又讲程朱；讲完程朱，又讲颜戴。说后来的主张时，不能不把前人的主张重述一次，也觉令人讨厌。

宗派的研究法

所谓宗派的研究法，就是在时代之中，稍为划分清楚一点。与前面两法，又自不同。如讲儒家宗派，西汉经学，有所谓今文古文之分。今文学派，内容怎样，西汉如何兴盛，东汉如何衰歇，清代又如何复兴。古文学派，内容怎样，南北朝如何分别，后来如何争辩，清代以后，如何消灭。要把两派的渊源流别，追寻出来。

又如程朱陆王，本来同出二程。然自南宋时，已分两派，彼此相持不下。朱子以后，元朝吴草庐、明朝顾泾阳、高宗宪都属此派。清代许多假道学家，亦属此派；就是戴东原，虽讲汉学，然仍出自程朱。陆子以后，明朝陈白沙、王阳明都属此派。清初黄梨洲、李穆堂亦属此派。

一个学派，往往历时很久，一线相承，连绵不绝。有许多古代学派，追寻究竟，一直影响到后来。有许多后代学派，详彻本原，早伏根于往古。即如程、朱、陆、王，是后代的学派，但往上推去，乃导源于孟荀。程朱学派，出于荀子；清代考据学派，又出自程朱。陆王学派，出于孟子；近人以佛学融通儒学，则又出自陆王。

这种方法，其长处在于把各派的起源变迁流别，上下千古，一线相承，说得极其清楚。这派与那派，有何不同之处，两派交互间又有什么影响，也说得很明白。我们研究一种学说，要整个地完全地了解，当然走这条路最好。这种方法，其短处在于不能得时代的背景和问题的真相，第一第二两种研究法的优点完全丧失无遗。一个时代的这一派，我们虽然知道，但这派以外的学说，我们就很茫然。一个问题的这种主张，我们虽然清楚，但这种主张以外的议论，我们也许就模糊了。

上面所说三种研究方法，各有长处，亦各有短处。我们从事研究哲学的人，三法都可适用。诸君要研究儒家哲学，可以分开来做。有几个做时代的研究，有几个做宗派的研究，有几个做问题的研究，各走各的路，不特不是相反，而且是以相成。

此部讲义，不能三种并用。三种之中，比较起来用时代的研究法，稍为便捷一点。因为时代的研究法，最能令人得到概念，所以本讲义以时代的研究法为主。至于问题的研究法、宗派的研究法，在一时代之中，努力加以说明。例如一个问题，在这个时代，讨论得最热闹，本时代中，特别讲得详些，以前以后稍略。一个宗派，发生于这个时代，本时代中，特别讲得细些，价值流别，连类附及。

此次讲演，大概情形如此。我的讲演，因为时间的关系，说得很简单，不过略示模范而已。诸君能够依照所说，分工做去，一定比我的还要详细，还要精密得多。

附带要说的，有两件事情，应当特别注意。就是大学者以外，一时代之政治社会状况，与儒家以外所有各家的重要思想。

1.大学者外，一时代之政治社会状况。儒家道术（"哲学"二字我实在不爱用），在中国历史上，因缘太久，关系太深。国民心理的大部分，都受此派影响。因此我们将来研究，与研究一般西洋哲学不同。

所谓西洋哲学，那才真是贵族的、少数人爱智娱乐的工具。研究宇宙来源，上帝存否，唯有少数贵族，才能领悟得到。晚近虽力求普遍，渐变平常，但是终未做到。儒家道术，因为笼罩力大，一般民众的心理风俗习惯，无不受其影响。所以研究儒家道术，不单看大学者的著述及其理论，并且要看政治上社会上所受它的影响。

儒家道术，不独讲正心修身，还要讲治国平天下。所以两千年来政治，好的坏的方面，儒家道术至少要占一半。我们研究儒家道术时，一面看它与政治社会的影响，一面看政治社会所与它的反响。这种地方，一点不能放过，应当常常注意。

还有一层，就是一般风俗习惯，亦与儒家道术关系很深。儒家虽非宗教，但是讲道德、讲实践的时候很多；并且所讲道德实践，与宗教家不同，偏于伦常方面，说明人与人相处之道。一般人的行动，受其影响极大。所以研究儒家道术，可以看出风俗的污隆高下。如顾亭林《日知录》所讲历代风俗那几条，说得很透彻。东汉风俗最好，因为完全受儒家道术的支配；两晋风俗最坏，因为受儒家以外其他学说的影响。一面研究儒家道术，一面看国民心理的趋向、社会风俗的变迁，这一点也应常常注意。

2.儒家以外，所有各家重要思想。大凡一种学说，不能不受旁种学说的影响。影响的结果，当然发生变化。无论或变好，或变坏，总而言之，因为有旁的学说发生，或冲突，或调和，把本来面目改了。世界上无论哪家学说，都不能逃此公例。

儒家道术，在中国实站在主人翁的地位，势力最强。无论哪家，都比不上。自孔子起到现在，一线相承，始终没有断绝过。研究中国思想，可以儒家道术作为主人翁；但是因为客来得很多，常常影响到主人，所以主人翁的态度，亦随时变迁。

最重要的客人，有下列几个：

在先秦时代，有司马谈所谓六家，刘歆、班固所谓九流。六家九流，大概皆出自孔子以后。而势力最大，几与儒家对抗的要算道家、墨家，以后才发生法家、阴阳家、农家……这几家都是对于儒家不满，重新另立门户。最盛的与儒家立于对等地位，甚至于比儒家的势力还要大些，不过为时很暂。能够继续不断、永远做社会思想中心的，还是儒家。因为有这几家的关系，无论他们持赞成的论调，或反对的论调，儒家本身不能不起一种变化。孟、荀是儒家大师，但两人都受道墨两家的影响。

汉初道家极盛，魏晋后更由九流之一，一变而为道教。道教的发生，亦受儒家很大的影响。由东汉末至隋唐，佛教从西方输入。因为佛教是一个有组织有信条有团体的学派，势力很大，根基亦很巩固。自从它输入以后，儒家自家，就起很大的变化了。

近世晚明时代，基督教从欧洲传到中国，携带所谓西方哲学，及幼稚的科学，在当时虽未大昌，然实与儒家哲学以极大的刺激。降至最近百余年间，西方的自然科学，大大发达。在中国方面，科学虽属幼稚，而输入的亦很多。儒家哲学，几有被其排斥之势。

西洋的政治理论，亦与儒家哲学有很深的关系。因为儒家讲内圣外王，政治社会在本宗认为重要。凡欧洲新的政治学说、社会主义，皆与儒家以极大的影响。因受外界的刺激，内部发生变化，这几个重要关头，不可轻易放过。我们研究主人翁的态度，至少要看它发展的次第。某时代有什么客来，主人翁如何对付，离开这种方法，不能了解主人翁态度的变迁。

所以研究儒家道术，须得对于诸家有普通的常识。即如先秦时代，有多少学派？大概情形如何？对儒家有何影响？汉魏时代，道教如何成立？大概情形如何？对儒家有何影响？隋唐之交，佛教如何兴盛？大概情形如何？对儒家有何影响？晚明，基督教及西洋哲学，如何输入？大概情形如何？于儒家有何影响？最近，自然科学及社会主义，如何传播？其大概情形如何？于儒家有何影响？虽然不能有精密的研究，然不能不得普通的常识。

上面所述二事，第一，大学者外，各时代的政治状况、社会情形，受儒家什么影响？予儒家以什么影响？第二，儒家以外，所有各家的重要思想，因儒家而如何变迁？儒家又因各家思想而如何变迁？此在欲了解儒家道术，欲寻得儒家知识的研究方法，除此以外，全不是正确的路径，全是白费气力。

　　还有一层，更为重要。就是儒家的特色，不专在知识，最要在力行，在实践。重知不如重行。行的用功，此处用不着说，正所谓"不在多言，顾力行如何耳"。真要学儒者，学孔子之道，不单在知识方面看，更要在实行方面看。从孔子起，历代大师，其人格若何？其用功若何？因性之所近，随便学哪一个，只要得几句话，就可以终身受用不尽。真要学儒家道术，是活的，不是死的，只需在此点用功，并不在多，而且用不着多。

第三讲

儒学的兴起

儒学的兴起①

儒学从何时起？孔子以前有无儒学？凡一学派，都不是偶然发生，虽以孔子之圣，亦不能前无所承。不过儒家道术至孔子集其大成，所以讲儒学从孔子讲起，未尝不可。孔子学说全部如何，亦留到本论再讲。我们所应当知道的，就是儒家道术，孔子集其大成，以后两千多年，都由孔子分出。在一方面，因为孔子的话，词句简单，而含义丰富，所以后来研究孔子学说的人，可以生出种种解释。同为儒家，下面又分出许多学派；在他一方面，因为孔子的主张，平庸中正，有许多认为不满意的人创为反动学派。既有反动学派发生，孔子弟子及后学受其影响，对于本派学说或加修正，或全变相。所以从孔子起，分两大支，有因词句简单而解释不同的，有因受旁的影响而改换面目的，不可不加注意。

先讲儒家以外的学派，孔子之后，新出的重要学派，可分为二：（1）墨家；（2）道家，皆起于孔子死后数十

---

① 本文节选自梁启超《儒家哲学》。

年乃至百年。墨家出于孔后，自是不成问题。道家向来认为出在孔前，或与孔子同时，依我看来，都不大对。《老子》五千言，历来认为孔子以前的作品，我一向很怀疑，时间愈长，愈认确实。不是本问题所关，暂不细讲，但因要说明重要学派的顺序，不妨略讲几句。

孔子学说，最主要者为"仁"。"仁"之一字，孔子以前，无人道及，《诗》及《尚书》二十八篇，皆不曾提到，以仁为人生观的中心，这是孔子最大发明，孔子所以伟大，亦全在此。《老子》书中，讲仁的地方就很多，"失德而后仁，失仁而后义"，这全为孔子而发，假使孔子不先讲仁，老子亦用不着破他了。此外压倒"仁"字的地方还很多，如"天地不仁，以万物为刍狗""上仁为之而无以为""大道废有仁义""绝仁弃义，民复孝慈"等语，可知老子之作实在孔子的"仁"字盛行以后。不唯如此，"义"之一字，孔子所不讲，孔子只讲知、仁、勇。仁义对举，是孟子的发明。而《老子》书中，讲仁义的地方亦很多，可知不唯不在孔子之前，还许在孟子以后。孟子辟异端，他书皆引，未引《老子》一句，其故可想而知。这种地方，离开事迹的考据，专从文字下手，虽觉甚空，然仍不失为有力的佐证。此外，尚贤，是墨子所主张的，《墨子》有《尚贤》篇，而老子有"不尚贤使民不争"一语。天道鬼神，是墨子所信仰的，墨子有《天志》篇、《明鬼》

篇，而老子有"以道莅天下其鬼不神"一语。旁的不问，专从思想系统入手，《老子》一书似在孔子以后、墨子以后，甚至于孟子以后啊。从前说九流各家，道家最古，儒家次之，其说非是①。应当以儒家为最古，道家亦儒家盛行后一种反动，为儒家之对敌的学派。

墨家方面，出在孔后，更不必辩。《淮南子·要略》称："墨子学儒者之业，受孔子之术。"这是说从前研究孔子的道理，后来深感繁重，才重新创立一个学派。墨子是孔子后辈，生于邹鲁之间，其地儒学最盛，年轻时不能不有所习染，《淮南子》之说甚是。墨家继儒家而发生，有不以为然的地方，然后独树一帜，因在后辈影响甚深。墨门弟子，亦与儒家有密切关系，如禽滑釐，曾学于子夏，一面为墨家大师，一面为孔门再传弟子。

道家方面，既然《老子》一书，不在孔子之前，则庄子与老子的先后，亦成为问题了。向称老庄，若使庄子在前，当改称庄老才是。庄子地位，在道家极为重要，比禽滑釐之在墨家，还要重些。庄子学于田子方，

---

① 编者按：关于《老子》的成书年代，至今无法确定，不过根据1993年出土的郭店楚简《老子》年代推算，至少在战国中前期。近代以来学者多以用语界定《老子》应成书于战国晚期，故以《老子》成书来推断道家与儒家学派的早晚，似不妥当。

田子方学于子夏，所以庄子一面是道家大师，一面是孔门三传弟子。

由此看来，道、墨两家，亦可以说是儒家的支派，先是承袭，后才独立；先是附庸，后为大国。唯旁的儒家，无论如何变化，仍称孔子之后。道、墨两家既盛，与儒家立于三分的地位，就不承认是孔子之后了。恰如齐桓、晋文，虽握霸权，仍尊周室；楚庄王、吴夫差，一握霸权，便不承认周室的地位，情形正复相同。我们再看，最初的儒家，因为道、墨二家独立后，倡为反对的论调，与儒家以极大的影响，儒学自身亦有许多变迁。

现在再讲孔门直接的学派。《韩非子·显学》篇说："自孔子之死也，有子张之儒，有子思之儒，有颜氏之儒，有孟氏之儒，有漆雕氏之儒，有仲良氏之儒，有孙氏之儒，有乐正氏之儒……儒分为八。"韩非生当始皇的时候，离战国最近，其说当甚可靠。此种八家，现在可考者，唯孟、孙二家。自余六家无考，其著作见于《汉书·艺文志》的，有《子思》二十三篇，《漆雕子》十三篇，然后代亦皆丧失，殊可惋惜。此外四家，在汉朝时已经看不着了。

果如韩非所言，战国之末，儒分为八，我们诚然相信，但最初儒家的分裂，恐没有如此复杂。现在姑且假定，孔子死后，最初分为两派，有子是一派，曾子是一派。所以《论语·学而》篇，先说："子曰，学而时习之，不亦乐乎！"继说："有子曰，其为人也孝弟，而好犯上者鲜矣。"又说："曾子曰，吾日三省吾身。"子是孔子。总观《论语》全书，除孔子外，称子者，唯有若、曾参二人。颜渊称渊而不称子，因颜渊早死，其学不传。子夏、子贡，亦不称子。此中消息，殊耐寻味啊！《孟子·滕文公上》说："昔者孔子没……他日子夏、子张、子游以有若似圣人，欲以所事孔子事之，强曾子，曾子曰'不可'。"这并不是曾子有意与有子为难，徒争意气，实际是因为两人学派，大不相同，所以就各人走各人的路了。

大概子夏、子游、子张三人，因为孔子死后，门下散落，不能不要一个统率的人，而有若年最高、德最重，故推举他做孔门领袖。可知子夏、子游、子张，同是一派。这一派大概对于孔子所说的话、所删定的经典，为形式的保守，异常忠实，以有若为其代表。后来荀子说："其数则始乎诵经，终乎习礼。"可以说是从这一派演出。

曾子另为一派，不注重形式，注重身心修养，对于有若一派，很有些不同的地方。据说曾子的弟子是子思。《大戴礼》中"曾子十篇"，虽未必能包举他学说的全部，也可据以窥见一斑。子思著作，现存者为《中庸》。《汉书·艺文志》有《子思》二十三篇，今原书虽佚，或者《礼记》中还有若干篇是他的作品。后来孟子专讲存心养气，可以说是从这一派演出。照这样的分法，孔子死后，门弟子析为二派：一派注重外观的典章文物，以有若、子夏、子游、子张为代表；一派注重内省的身心修养，以曾参、子思、孟子为代表。春秋战国时代的儒学情形，大概可以了然了。

孔子道术方面很多，一方面讲内圣，一方面讲外王。可见他不单注重身心修养，并且注重政治社会情形。孔门分四科：一德行，注重修养，后人称为义理之学；二言语，注重发表，后人称为词章之学；三政事，注重政治，后人称为经济之学；四文学，注重文物，后人称为考证之学。这样四科，亦还不能算孔子全部学问，至多不过圣人之一体而已。四科之外，还有许多派别不可考的。如韩非子所说儒分为八，其中孟、孙二派，有书传世，可以明白，前面已经说过；子思一派，由《中庸》及《礼记》可以窥见一斑，也用不着再讲；唯漆雕氏一派，即《论语》上的漆雕开，《汉书·艺文志》有《漆雕子》十三篇，可见得他在孔门中，位置甚高，并有著书，流传极盛，在战国时，俨然一大宗派。至其精神，可于《韩非子·显学》篇所说"不色挠，不目逃，行曲则违于臧获，行直则怒于诸侯，世主以为廉而礼之"几句话中，窥见大概，纯属游侠的性质。孔门知、仁、勇三德中，专讲勇德的一派，孟子书中所称北宫黝养勇、孟施舍养勇，以不动心为最后目的，全是受漆雕开的影响。其余颜氏、子张氏、仲良氏、乐正氏四派，本人的著作既不传世，旁人的著作又没有提到他们，所以无从考见了，这是我们认为很不幸的一件事情。

孔子死后，有七十子，七十子后学者，一传再传，门弟子极多，学派亦很复杂。要研究这些人的学说，只有大小戴的《礼记》还有一部分材料可考。其中十之二三是七十子所记，十之七八是七十子后学所记。自孔子至秦约三百年，自秦至二戴又百余年，时间如此的长，派别如此的复杂，而材料如此的短少，研究起来，很觉费事。我们根据《汉书·艺文志》，看孔门弟子的著作，有下列几种：《子思》，二十三篇；《曾子》，十八篇；《漆雕子》，十三篇；《宓子》，十六篇；《景子》，三篇；《世子》，二十一篇；《李克》，七篇；《公孙尼子》，二十八篇；《芈子》，十八篇。可见西汉末年，孔子弟子及再传弟子，著作行世者凡有九家，此九家的内容如何，可惜得不着正确资料，很难一一考证。大概这几百年间，时代没有多大变化，外来影响亦很少，不能有好大异同，可以附在孔子之后，一同研究。自春秋经战国迄秦，儒家变迁，其大略如此。

凡一种大学派成立后，必有几种现象：

1.注解。因为内容丰富，门下加以解释。这种工作的结果，使活动的性质变为固定，好像人的血管硬化一样，由活的变成死的，这是应有现象之一。

2.分裂。一大学派，内容既然丰富，解释各有不同，有几种解释就可以发生几种派别。往往一大师的门下，分裂为无数几家，这也是应有现象之一。

3.修正。有一种主张，就有一种反抗。既然有反抗学说发生，本派的人想维持发展固有学说，就发生新努力，因受他派的影响，反而对于本派加以补充或修正，这是应有现象之一。

地不论中外，时不论古今，所有各种学派，都由这几种现象，发动出来。儒家哲学，当然不离此例，所以儒家各派亦有注解，有分裂，有修正。

自孔子死后，儒家派别不明，韩非所说儒分为八，亦不过专指战国初年而言，经战国及秦到汉数百年间，派别一定很多。七十子后学者的著作，留传到现在的，以大小《戴记》为主，共八十余篇，其中讲礼仪制度的，约占三分之二。大概自孔子死后，子夏、子游、子张，留传最广。因孔子以礼为教，一般人皆重礼。对于礼的内容，分析及争辩很多，《小戴礼》的《檀弓》《曾子问》，都不过小节的辩论。这种解释制度、争论礼仪，就是上面所说的第一第二两种现象。所以子夏、子游、子张以后的儒家，一方面是硬化，一方面是分裂。

同时道家之说，孔子死后不久发生。老庄的主张，在《论语》中，可以看出一点痕迹，《论语》说："君子质而已矣，何以文为？"又说："或曰，以德报怨，何如？"这类话，很与道家相近。道家在孔子后，然为时甚早，孔子死后，不久即发生，与儒家对抗，对于儒家的繁文缛节，予以很大的打击。因为受敌派的攻击，自己发生变化，就是上面所说的第三种现象，补充或修正前说。

儒家自己发生变化，究竟如何变法呢？我们看《易》的《系辞》与《文言》，其中有好多话，酷似道家口吻。本来《十翼》这几篇东西，从前人都说是孔子所作，我看亦不见得全对。《系辞》与《文言》中，有许多"子曰"，不应为孔子语。孔子所作，当然不会自称"子曰"，就是没有"子曰"的，是否孔子所作，还是疑问。因为有"子曰"的，皆朴质与《论语》同；无"子曰"的，皆带有西洋哲学气味。大概《系辞》与《文言》，非孔子作，乃孔子学派分出去以后的人所作。其中的问题，从前的儒家不讲，后来的儒家不能不讲了。

头一步所受影响，令我们容易看出者为《系辞》与《文言》，其次则为《礼记》中的《大学》《中庸》《乐记》等著作，大抵皆受道家影响以后，才始发生。所以曾子、子思一派讲这类的话就很多，《中庸》一篇，郑玄谓为子思作，我们虽不必遽信，但至少是子思一派所作①。孟子受业子思之门人，所受影响更为明显。孟子之生，在孔子后百余年，那个时候，不特道家发生了很久，而且杨朱、墨翟之言盈天下。既然群言淆乱，互相攻击，儒家自身不能不有所补充修正。

孟子这一派的发生，与当时社会状况有极大的关系。因为春秋时代为封建制度一大结束，那时社会很紊乱，一般人的活动往往跑出范围以外，想达一种目的，于是不择手段。孟子的门弟子，就很羡慕那种活动，所以景春有"公孙衍、张仪岂不诚大丈夫哉"的话。可见得当时一般社会都看不起儒家的恬适精神，人群的基础异常摇动，孟子才不惜大声疾呼的，要把当时颓败的风俗人心唤转过来。

孟子与孔子，有许多不同之点。孔子言"仁"，孟子兼言"仁义"。什么叫义？义者，应事接物之宜也。孟子认为最大的问题，就是义利之辨，其目的在给人一个立脚点，对于出入进退，辞受取与，一毫不苟。所以孟子说："得志与民由之，不得志独行其道。"又说："一介不以与人，一介不以取诸人。"都是教人高尚明哲，无论如何失败，有界限，有范围，出了界限范围以

---

① 编者按：《中庸》原是《礼记》第三十一篇，内文的写成大约在战国末期至西汉之间，确切作者尚无定论，一说是孔子之孙子思所著，另一说是秦代或汉代的学者所作。

外，就不做去，可以说对于当时的坏习气极力校正。

孔子智仁勇并讲，所以说"知仁勇三者，天下之达德也"。孟子专讲勇，所以说"我四十不动心""我知言，我善养吾浩然之气"。以仁弘义，以义辅仁；仁以爱人，义以持我。这种方法，孟子极力提倡，极力讲究。

孔子对于性命，不很多讲，或引而不发，孔子门人常说："子罕言命，性与天道……不可得而闻也。"当孟子的时候，道家对于这部分研究得很深，儒家如果不举出自己的主张，一定站不住脚，所以孟子堂堂正正地讲性与天道，以为是教育的根本。《孟子》七篇中，如《告子上》《告子下》大部分讲性的问题，自不必说；其余散见各篇的很多，如："大人者，不失其赤子之心者也。""古之人，所以大过人者，无他焉，善推其所为而已矣。""人之所不学而能者，其良能也；所不虑而知者，其良知也。""先立乎其大者，则其小者不能夺也。"这类话，对于当时章句之儒咬文嚼字的那种办法，根本认为不对。

孟子以为人类本来是好的，本着良知良能，往前做去，不必用人家帮忙，不必寻章摘句、繁文缛节地讨麻烦，自己认清，便是对的。这种学说，可谓对于孔子学说的一种补充，扫除章句小儒的陋习，高视阔步地来讲微言大义，我们可以说儒家至孟子起一大变。

孟子以后，至战国末年，一方面社会的变迁更为剧烈，一方面道墨两家更为盛行，尤以墨家为最盛。《韩非子·显学》说："世之显学，儒墨也。"战国末年，儒墨并举，两家中分天下。墨家对于知的方面极为注重，以知识做立脚点，为各家所不及。即如《经上》《经下》《经说上》《经说下》诸篇，对于客观事物俱有很精确的见解，所以当时墨学，几遍天下。同时因为社会变迁更大的结果，豪强兼并，诈伪丛生，而儒家严肃的道德观念，被社会上看作迂腐。除了道墨盛行、社会轻视以外，儒家自身亦有江河日下的趋势。孟子道性善，说仁义，有点矜才使气。孟门弟子，愈演愈厉，一味唱高调，讲巨子，末流入于放纵夸大。从这一点看去，后来王学一派，有点近似，阳明本身，尚为严肃，门弟子则光怪陆离，无奇不有。因为孟派末流，有许多荒唐的地方，所以那时儒家，很感觉有补充修正的必要，于是乎荀卿应运而出。

《史记·孟荀列传》称："荀卿嫉浊世之政，亡国乱君相属，不遂大道而营于巫祝，信機祥，鄙儒小拘，如庄周等又滑稽乱俗，于是推儒墨道德之行事兴坏，序列著数万言。"太史公这几句话，很难说出荀派发生的动机。当时儒家末流，有许多人，专靠孔子吃饭。《非十二子》篇说："……偷儒惮事，无廉耻而耆饮食，必曰君子固不用力，是子游氏之贱儒也。"记得某书亦说，人家办丧事，儒者跑去混饭吃，这正是太史公所谓鄙儒小拘。而庄周末流则又滑稽乱俗，很能淆惑视听。庄周是否儒家，尚是问题，庄周出于田子方，田子方是子夏的门生。孟子出于子思，子思是曾子的门生。庄孟二人，很可以衔接得起来。在这儒道末流、俱有流弊的时候，荀卿这派，不得不出头提倡改革了。

前面说墨家长处，在以知识为立脚点。荀子很受他们的影响，对于知识，以有条理有系统为必要，他的《解蔽》《正名》诸篇，所讨论都是知识的问题。譬如论理的凭借是什么，知识的来源是什么，这类问题，孔孟时所不注重，到了荀子就不能不注重了。这是荀子受墨家的影响而创为儒家的知识论。此外受墨家影响的地方还多，墨子有《天志》《明鬼》论，最信鬼神，荀子的《天论》等篇，正是对墨而发，与墨子持反对的论调。

当时一般人，对于严肃修养的功夫，都认为迂腐，不肯十分注重。孟子一派，虽提出自己的主张，不特不能救鄙儒小拘的学风，甚或为作伪者大言欺人的工具。到了荀子，极力注重修养，对于礼字，重新另下定义。孔子言仁，孟子言义；荀子言礼，以礼为修养的主要工具。孟子主张内发，荀子主张外范。孟子说性是善的，随着良知良能做去；荀子说性是恶的，应以严肃规范为修束身心的准绳。所以荀子的学说，可以说是战国末年对于儒家的一大修正。

自孔子死后，儒家的变迁，其大概情形如此。

第四讲

中国儒学变迁概略（上）

中国儒学变迁概略（上）①

两汉儒学

西汉以前，儒家学派可以地域区分，所谓齐学、鲁学，风气各自不同。鲁是孔子所居的地方，从地理方面看，在泰山以内，壤地褊小，风俗谨严；从历史方面看，自周公以来，素称守礼之国，又有孔子诞生，门弟子极多。鲁派家法，严正呆板狭小，有它的长处，同时亦有它的短处。齐与鲁接壤，蔚为大国，临海富庶，气象发皇，海国人民思想异常活泼。直接隶属孔门的时候，齐鲁学风，尚无大别，以后愈离愈远，两派迥不相同了，若以欧洲学风比之，鲁像罗马，齐像希腊。

齐派学风的特色，可以三邹子作为代表。《史记·孟荀列传》称："齐有三邹子，其前邹忌……其次邹衍……邹奭。"三邹是否儒家，尚待研究，虽非直接由儒家出，但亦受儒家的影响。邹衍主九州之外，尚有

---

① 本文节选自梁启超《儒家哲学》。

九州，可见其理想力之强，但彼好推言"终始五德之运"这种学说，衍为方士的思想（不是道家），司马谈《六家要旨》名之为阴阳家，后代相仍未改。这种人，以儒者自居，社会上亦把他们当作儒者看待。秦始皇坑儒生，人皆以为大罪，其实所坑的儒生七十余人，都是方士阴阳家一派。如卢生、韩生最初替始皇求不死之药，历年不得，又造为种种谎语，始皇才把他们坑杀了。这一派在战国末年颇盛，如果说是由儒家变出，可以说是由齐派演化出来。

自秦以前，同为儒家，有齐鲁两派，其不同之点，既如上述。到汉，两派旗帜，更为显明，甚至于互相攻击。汉人对于儒家的贡献，只是他的整理工作，旁的很少值得注意的地方。凡是一个社会，经过变化之后，秩序渐趋安定，就做整理的功夫，所以汉人发明者少。一部分的精神，用在整理方面；一部分精神，用在实行方面。汉代四百年间，其事业大致如此。

至于思想学术，汉代亦较简单，汉时墨家业已消灭，只剩道、儒两家。道家整理工作的表现，在于《淮南子》。《淮南子》一书，可谓战国以来，总括许多学说，为一极有系统之著述。儒家整理工作的表现，在于治经。汉儒治经分今文古文两派，西汉为今文独盛时代，东汉为今古文互争时代。东汉前半，今文很盛，到了末年，大学者都属古文派，今文纯至消灭。西汉全期，今文家都很盛，古文家不过聊备一格而已。

西汉经学，共立十四博士。计《易》有施、孟、梁丘三家，均出田何，为齐派。《书》有欧阳、大小夏侯三家，均出伏生，为齐派。《诗》有鲁、齐、韩三家，齐《诗》出于齐派。《礼》有大小戴及庆氏三家，与齐无关，为鲁派。《春秋》有严、颜两家，均出公羊，为齐派。总观十四博士之中，九家出齐。此外《论语》有《齐论语》及《鲁论语》。以此言之，西汉儒学，大部属齐，鲁学很衰。《春秋》之《穀梁》学属鲁派，然西汉时无博士，其学不昌。唯鲁《诗》极发达，齐《诗》、韩《诗》，俱不能及。

齐派学风的特色，在与阴阳家——邹衍一派结合，前业已提到过了。即如《易》的施、孟、梁丘三家，今无传，当时所讲，占验象数为多；伏生《尚书》，讲中候五行，《大传》亦多与阴阳结合；齐《诗》讲五际六情；《公羊春秋》，多讲灾异。西汉学风，齐派最盛，其中颇多方士及阴阳家语。

西汉末年，古文始出。古文家自以为孔派真传，斥今文为狂妄；今文家自以为儒学正宗，斥古文为伪作。汉时所谓今文古文之辩，各部经都有，而《周礼》《左传》辩论最烈，其后马融、贾逵、服虔、许慎、刘歆皆从古文，是以古文大盛。今文家专讲微言大义，对于古书的一字褒贬，皆求说明；古文家专讲训诂名物，对于古书的章句制度，皆求了解。古文家法谨严，与鲁派相近；今文家法博大，与齐派相近。所以两汉经学，一方面为今古文之争，一方面即齐鲁派之争，自郑玄杂用今古文，今古学乃复混。

上面说，西汉经学，立十四博士，有今文古文的争执，有齐派鲁派的不同。又说两汉工作，最主要的是解经方法，鲁派即古文家，注重考释，专讲名物训诂；齐派即今文家，颇带哲学气味，讲究阴阳五行。这些都是经生，没有什么特别的地方，可以不讲。经生以外，还有许多大儒，他们的思想学术，自成一家，应当格外注意。以下一个一个分开来讲。

1. 董仲舒

他是西汉第一个学者，受阴阳家的影响，对于儒学，发生一种变化。荀子反对禨祥，对于迷信，在所排斥。董子迷信的话就很多，书中有求雨止雨之事。孟子主性善，荀子主性恶，董子调和两家，主张兼含善恶。公孙弘治《公羊春秋》，董子亦治《公羊春秋》，而弘不逮仲舒远甚。董子学说，具见于《春秋繁露》。全书分三部，一部分解释《春秋》的微言大义，应用到社会上去；一部分调和孟荀的性说，主张成善抑恶；一部分承阴阳家的余绪，有天人合一的学说。

2. 司马迁

他是一个史家，同时又是一个儒家。《史记》这部著作，初非匡无意义，司马迁在《报任安书》中，自述怀抱说："亦欲以究天人之际，通古今之变，成一家之言。"这是何等的伟大！同时在自序中又说："先人有言：'自周公卒五百岁而有孔子。孔子卒后至于今五百岁，有能绍明世、正《易传》，继《春秋》，本《诗》《书》《礼》《乐》之际？'意在斯乎！意在斯乎！小子何敢让焉！"这简直以继承孔子自命了。《史记》这部书，全部目录，许多地方，很有深意，在史部中极有价值。其编制论断，关于儒家道术的地方很多。

3. 扬雄

他是一个完全模仿、不能创作的大文学家，仿《离骚》作《解嘲》，仿《上林》作《长杨》，仿《易》作《太玄》，仿《论语》作《法言》，不过是一个专会模仿的人，在学术界没有多大价值。但是以时代论，他亦有他的地位。当西汉末年，鲁派经生专讲章句训诂，解"粤若稽古帝尧"几个字，长到十余万言，琐碎得讨厌。同时齐派末流，专讲五行生克，亦荒诞得不近情理。扬雄能离开经生习气，不讲训诂五行，直追《周易》《论语》，虽然所说的话，大致不过尔尔，犯不着费力研究，但是别开生面，往新路径上走，这又是他过人的地方。

4. 桓谭

他是一个很有新思想的学者，曾作一部《新论》，可惜丧失了，现存的不过一小部分，看不出全部学说的真相。我们所知道的，就是他很受扬雄的影响。儒家自董仲舒以后，带哲学的气味很浓，桓谭生当东汉初年，自然免不了时下风气。《新论》存留，十停只有一二，讲养生无益及形神分合问题，上承西汉时《淮南子》的遗绪，下开魏晋间何晏、王弼的先声。

5. 张衡

他是一个科学家，对于自然界有很精密的观察，曾造地震计，造得很灵巧，在天文学上发明颇多。他又是一个大文学家，很佩服扬雄的为人。现在所存的作品中《两京赋》《思玄赋》等，前者纯为文艺性质，后者可以发表思想。扬雄的功劳在开拓，桓谭的功劳在继续，桓张二人，为汉学魏学的枢纽。

6. 王充

他是一个批评哲学家，不用主观的见解，纯采客观的判断，关于积极方面没有什么主张，而对过去及当时各种学派，下至风俗习惯，无不加以批评。他是儒家，对儒家不好的批评亦很多，虽然所批评的问题或太琐碎，但往往很中肯，扫尽齐派末流的荒诞思想，在儒家算是一种清凉剂。当时儒家，或者寻章摘句，或者滑稽乱俗，他老实不客气地攻击他们的短处，可以说是东汉儒家最重要的一个人。

汉代儒学，除经生外，最重要的有此六家，即董仲舒、司马迁、扬雄、桓谭、张衡、王充。其余刘向、刘歆、仲长统、王符、徐幹等，或者关系较小，或者缺乏特异的主张，所以我们不及一一细述了。

魏晋儒学

汉以后，是魏晋。魏晋之间，儒家发生一种很大的变动。这个时候，在学术方面，汉儒的整理事业太细密、太呆板，起了硬化作用。在社会方面，经过战国大乱以后，有长时间的太平——战国如像三峡，汉代好比太湖——安定久了，自然腐败。一方面，儒家的呆板工作，有点令人讨厌；一方面，社会既然紊乱，思想亦因而复杂。所以魏晋之间，学术界急转直下，另换一个新方面。

这个时候，道家极为发达，士大夫竞尚清谈。研究儒学的人，亦以道家眼光看儒家书籍，摆脱从前章句训诂的习惯，重新另下解释。这种新解释，虽然根据道家，但亦非完全不是儒家。儒家自身，本来有类似道家的话，两汉时代未能发挥，到了魏晋，因为发生变动，才把从前的话另外估定一番。最主要的经学家，有下列几位。

1. 王弼

他是一个青年著作家，曾注《周易》及《老子》，两部俱传于世，学者成就之早，中外古今，恐怕没有赶得上他的。他死的时候，不过二十四岁，能够有这样大的成绩，真不可及。我们可以说中国文字不消灭一天，王弼的名字保存一天。今《十三经注疏》所用《周易》，即魏王弼、晋韩康伯二人所注。《易》本卜筮之书，末流入于谶纬，王弼乘其敝而攻之，遂能排击汉儒，自标新学。像王弼的解释，是否《周易》本意，我们不得而知，但不失为独创的哲理，在学术史上有相当的地位。

2. 何晏

他同王弼一样，也是一个引道入儒的哲学家，曾注《论语》，在当时很通行。后来朱注出现，何注渐衰，然在经学界仍有很大的权威。何晏以前的《论语》注，尽皆散失，唯何注独受尊崇，其思想支配到程朱一派。朱虽亦注《论语》，但不出何晏范围。王、何二人，都是对汉儒起革命，所作论文极多，可惜皆不传了。何著《圣人无喜怒哀乐论》，王著《驳论》，全篇今失，只剩百余字，见《全上古三代秦汉三国六朝文》。有许多问题，古人所不讲的，喜怒哀乐也就是其中之一，魏晋间人很喜欢提出这类问题。

3. 钟会

他是一个军事家，同时又是一个学者。曾作《四本论》，讲才性的关系，持论极为精核，原文丧失。《世说新语·文学》篇说："钟会撰《四本论》，始毕，其欲使嵇公一见，置怀中。既定，畏其难，怀不敢出，于户外遥掷便回急走。"注："《魏志》曰：'会论才性同异，传于世。四本者，言才性同、才性异、才性合、才性离也。尚书傅嘏论同，中书令李丰论异，侍郎钟会论合，屯骑校尉王广论离，文多不载。'"钟文在当时很流行的，可惜我们看不见了。此类问题，孟子、荀卿以后，久未提及，他们才作翻案，四家各执一说，在学术界很有光彩。自王、何起，直至南朝的宋、齐、梁、陈，都承继这种学风，喜欢研究才性、形神一类的问题。

4. 嵇康、阮籍

他们同王弼、何晏一样，都是讲虚无、喜清谈，至其著作，见于《汉魏六朝百三家集》的很不少。嵇康好老庄之学，研究养性服食一类的事情，尝著《养生论》《声无哀乐论》，以道家的话，调和儒家。阮籍诗作得很多，从诗里面，可以看出他的见解的一部分；散文有《达庄论》，阐明无为之贵。嵇、阮同当时的山涛、向秀、刘伶、阮咸、王戎号称"竹林七贤"，都是调和儒老、蔑弃礼法一流的人物，彼此互相标榜，衍为一时风气。

5. 陶渊明

他是一个大诗人，思想极其恬静，人格极其高尚，同时他又是一个儒家，崇法孔子的话很多。他的论文有《归去来辞》《桃花源记》等，可以看出他厌恶当时的污浊社会，游心于世外的理想生活。他的诗很多，做得都很好。关于讨论哲学问题的，有《形影神三首》，可见其个人思想所在，又可以见社会风尚所在。

6. 潘尼、顾荣

他们两人，是宋学很远的源泉。潘尼作《安身论》，根据老子的哲理，大讲无欲，并以无欲解释儒家经典。顾荣作《太极论》，亦根据道家哲理，大讲阴阳消长，并以太极解释宇宙万物。后来周濂溪一派，即从潘、顾二人而出，无极太极之辩亦成为宋代一大问题，可见得宋学渊源之远了。

魏晋儒学，最主要的大致有此八家，即王弼、何晏、钟会、阮籍、嵇康、陶渊明、潘尼、顾荣。此外如葛洪的《神仙传》，鲍敬言的《无君论》，纪瞻的《易太极论》，亦皆各有各的见解，蔚为魏晋哲学的大观。现在因为时间的关系，只得从略。

隋朝儒学

隋朝统一天下，南北混同，车马往还，络绎不绝。因政治上交通上的统一，全部文化亦带调和色彩，即文艺美术亦在在有调和之倾向。最足以代表时代学风的，有两个人，一个是颜之推，一个是王通。

1. 颜之推

他是南方人，后来迁往北方，受南方的影响不少，受北方的影响亦很大。他作《颜氏家训》，对于北方严正的章句训诂非常注意；对于北方保守的风俗习惯亦很赞成。他的《归心》篇主张内外一体，儒佛一体，是想把两教调和起来的。

2. 王通

他是北方人，亦受南方的影响。这个人，事事模仿，很像扬雄一样。生平以孔子自命，曾作《礼经》二十五篇、《乐论》二十篇、《续书》百五十篇、《续诗》三百六十篇、《元经》五十篇、《赞易》七十篇，谓为《王氏六经》，后来门弟子尊称他文中子。他的著作，有人说是博洽，有人说是荒唐，现在暂且搁下不讲。但他不同徐、刘一派专做名物训诂的功夫，而能另辟蹊径，直接孔子，这是他独到的地方。他对于佛教，一点不排斥，并且主张调和，亦持儒佛一体的论调。

隋代儒家，不论南北，都主调和儒佛。即如徐遵明、刘焯诸大经师，对佛教不大理会，要是理会，必定站在调和的地位，颜之推、王通就是很好的代表。自两汉至六朝，儒学变迁，其大概情形如此。

唐代儒学

唐朝一代，头等人物都站在佛教及文学方面，纯粹讲儒家哲学的人，不过是二三等角色。专就儒学而论，唐代最无光彩。初唐时有名经师，如陆德明、孔颖达、贾公彦等，仍遵汉学家法。《十三经注疏》中重要之疏，皆为所作，在经学界很有名，但是实际上都不能算是他们作的，不过根据前人成绩加以整理而已。唐人所讲各经正义及义疏，大半采自熊安生、刘炫、刘焯等著作。这一派北朝学者，对于各经的疏，考据得很有成绩，唐人把它聚集起来加以整理，不能说是独创。其中稍值得注意的，就是因政治的南北统一，而学术上（经学）的南北混合亦随而成立。北派所宗之马融、郑玄、贾逵、服虔，与南派所宗之王弼、王肃、杜预，从前取对立的形势，至此便趋到调和的形势。

中唐以后，所谓经学家，如啖助、赵匡一流，尚能开点新局面，对于汉魏六朝以来那种烦碎支离的解经方法认为不满，要脱去陈旧束缚，专凭自己聪明，另求新意。韩愈送卢仝的诗说到"春秋三传束高阁，独抱遗经究终始"这两句话，很可以代表当时的一般精神。

他们虽有另求新意的倾向，可惜没有把门路创出来，不如近人研究经学这样的切实、精密。清朝像王念孙，是很革命的，在小学上、文法上，另外找根据。近人如王国维，亦是很革命的，在钟鼎上、龟甲上，另外找根据。这种精神，很合科学。啖助、赵匡等，没有好的工具，但凭主观见解，意思不合，随意删改。这样方法，容易武断，在经学上占不到很高的位置。

汉人解经，注重训诂名物。宋人解经，专讲义理。这两派学风截然不同，啖、赵等在中间正好做一枢纽。一方面把从前那种沿袭的解经方法推翻了去，一方面把后来那种独断的解经方法开发出来。啖、赵等传授上与宋人无大关系，但见解上很有关系，承先启后，他们的功劳亦自不可埋没啊！

前所谓啖助、赵匡一派，算是经学家，然唐代（除初唐外）纯粹经学家实甚少，以文学家带点学者色彩，这类人多。最主要的有三位，一个是韩愈，一个是柳宗元，一个是李翱。

1. 韩愈

他是一个文学家，同时又是一个儒家。所著《原道》《原性》诸文，都是站在儒家方面，攻击佛教，竟因谏迎佛骨，谪贬潮州。但他是纯文学家，对于佛教知识固然很少，对于儒家道术造诣亦不甚深。汉魏六朝的注解功夫，宋以后的修养功夫，他都没有做多少，所以对于儒家，在建设方面，说不上什么贡献。但是他离开旧时的训诂方法，想于诸经之中另得义理，所谓"独抱遗经究终始"，这是他见解高超处。

2. 柳宗元

他亦是一个文学家，但是他在学问方面的地位，比韩愈高。除研究儒家道术以外，对于周秦诸子（自汉以后，无人注意）都看都读，有批评，有鉴别力。他所著关于讨论诸子的文章，篇篇都有价值。他对于传统的旧观念，很能努力破除，譬如封建制度，儒家向极推崇，他作《封建论》，斥以为非先王之意。韩柳二人，对于宋学都有很大的影响。韩愈主张"因文见道"，要把先王的法言法行，放在文字里面。后来宋朝的欧阳修、王安石、苏东坡一派，都从韩愈出，同往一条路上走。柳宗元的直接影响不大，但是有胆有识，对于以前的传统观念求解放，治经方法求解放。韩是一个反对佛教论者，柳是一个调和儒佛教论者。子厚于佛教，较有心得，不特不毁，且极推崇，颇主张三教同源。直到现在，这类文字还很多。

3. 李翱

唐末，有一个很重要的人，为宋学开山祖师，就是李翱，字习之。他在文章方面是韩愈的门生，在学问方面确比韩愈高明多了。他的言论很彻底，很少模糊笼统的话。他于佛教，很有心得，引用佛教思想创设自己哲学。这种事业至宋代才成功，但是最初发动，往创作的路子上走，还是靠他。他最主要的文章，是《复性书》，分上中下三篇，很有许多独到的见解。

欲知宋学渊源，可以看这两篇文章，一篇是《原人论》，佛徒宗密所作；一篇是《复性书》，儒家李翱所作。前者有单行本，金陵刻经处可买；后者很普通，见于《唐文粹》，及其他唐人文钞。在唐时，为宋学之先驱者，这两篇最重要，宋学思想大半由此出。这两篇的思想，相同之处颇多，最主要的为性二元论。性善性恶，历来讨论很盛，至宋朱熹，调和孟荀学说，分为理气二元。但是这种思想，《原人论》及《复性书》早已有之，于后来影响极大。

自唐末起，历宋、金、元、明，在全国思想界最占势力，为这一派调和儒佛论。佛教方面的澄观、湛然，莫不皆然，而宗密最得菁萃。儒家方面的梁肃、柳宗元，莫不皆然，而李翱最集大成。诚然，以宋代学术同他们比较，觉得幼稚肤浅，但是宋学根源，完全在此。不懂他们的论调，就不知宋学的来源。

五代自梁太祖开平元年至周世宗显德六年，不过五十二年的时间，天下大乱，文化消沉，无甚可述，我们可以不讲。以下讲宋代，儒家道术，很有光彩，可谓之三教融通时代，亦可谓儒学成熟时代，我们可以另作一章来讨论。

第五讲

中国儒学变迁概略（下）

中国儒学变迁概略（下）①

宋代儒学

晚唐及五代，经过长时间的内乱，军阀专横，人民不得休息。宋初，承这种丧乱凋敝之后，极力设法补救，右文轻武，引用贤才。所以各种学术，均极发达；儒家道术，尤能独放异彩。后世言学问者，总以汉学宋学并称，不入于彼，则入于此。可以见得宋学的发达及其重要了。

《宋元学案》把孙复及胡瑗，作为宋学祖师。其实他们二人，在宋朝初叶，不过开始讲学，与宋代学风相去甚远。真正与宋学有密切关系的人，乃是几个道士或文人，如陈抟、种放、穆修、李之才、刘牧等，后来的儒家都受他们的影响。孙、胡二人，比较平正通达，提倡躬行实践，私人讲学之风自他们以后而大盛。陈、种等，纯以道教《黄庭经》及练气炼丹之说，附会《易

---

① 本文节选自梁启超《儒家哲学》。

经》，太极图说即由他们而出。但是陈、种与王、何不同，王弼、何晏以先秦的道家哲学附会儒家，陈抟、种放以晚出的道教修炼法附会儒家。

由此看来，宋初思想界，可以说有两条路，孙复、胡瑗是一派，陈抟、种放又是一派。北宋五子：周濂溪、邵康节、张横渠、程明道、程伊川，就是混合这两派的主张，另创一种新说。宋人所谓儒学正宗，专指五子一派。宋人喜欢争正统，最是讨厌政治上有正统偏安的争执，学问上有正统与异端的争执。儒学如此，佛教亦然。天台宗分为山内山外两派互争正统，禅宗分为临济、云门、曹洞、沩仰、法眼五宗互争正统。

这种正统的争执，是宋人一种习气，暂且搁下不讲。单讲所谓五子，自濂溪到二程，传到后来，为南宋朱学一派。濂溪为二程的先辈，朱派谓二程出于濂溪。横渠为二程表叔，年龄相若，互相师友，朱派谓横渠为二程弟子。平心而论，五家独立，各各不同。泛泛地指为一派，替他们造出个道统来，其实不对。

"五子"这个名词，不过程朱派所标榜而已（后来亦除出邵子加上朱子，谓之五子）。北宋学术，不能以五子尽之。当时为学问复兴时代，儒佛融通以后，社会思想起很大的变迁，有新创作的要求，各自努力，不谋而合，遂发生周邵张程这些派别。此外欧阳修、王安石、司马光、苏轼那班人，虽然是政治文章之士，但是他们都在儒学思想界占有相当位置，不可忽视。

1. 欧阳修

他是宋代文学的开创者，诗文皆开一代风气。但他在思想界有很大的贡献。他勇于疑古，不信《系辞》，对于《诗》《书》及其他诸经，亦多所疑难。所疑难对不对，另一问题，但这种读经法，确能给后学以一种解放。他著有《本论》一篇，继承韩愈《原道》那一派辟佛论调，亦宋儒学术渊源所自。

2. 王安石

他是一个大政治家，同时又是一个大学者。所著各经《新义》，颇能破除从前汉唐人的讲经方法，自出心裁。他的文章精神酣畅，元气蓬勃。文集中，关于心性的文章很多，其见地，直影响到二程（例如"不偏之谓中，不易之谓庸"。朱子引作程子说，其实此二语出于荆公）。

3. 司马光

温公全部精力，都用在史学方面，所著《资治通鉴》，贯串诸史，为编年体中一大创作。文集中，关于讨论哲学问题的文章很多，可见得他在儒学方面，亦是异常的努力。他著有《疑孟》一书，对孟子学说颇多不满。这也难怪，其实温公学术有点近于荀子。

4. 苏轼

苏氏父子，都是大文学家，有《战国策》纵横驰骤之风。在学问上，亦能创立门户，后来蜀学与洛学立于对抗的地位。东坡对于佛教不客气地承认，禅宗尤其接近，所作诗文往往有禅宗思想。他对于道教，亦不排斥，晚年生活完全变为道家的气味。

大抵这四家，欧阳最活泼，王最深刻，苏最博杂，司马最切实。南宋浙东一派，即由司马而出，对于哲理讲者不多，门下生徒注重躬行实践，所受他方影响尚不算深。程朱以外的学派，其约略情形如此。

再回头说到北宋五子。

1. 周濂溪

周子《通书》，与程朱一派有相当的关系，但极简单，可以有种种解释。《太极图说》，与程朱关系很深，在南宋时曾因此起激烈的辩论。朱子赞成《太极图说》，且认为濂溪所作；陆子反对《太极图说》，且认为非濂溪所作。依我看来，许是周子所作，但是对于内容，我持反对论调，与象山同。象山以为《太极图说》无甚道理，定非周子所作，想把这篇划开，周仍不失其为伟大。晦翁以为《太极图说》极其精微，周之所以令人崇拜，完全在此。

然则《太极图说》是怎样一个来历呢？向来研究宋学的人，不知所本，以为周子所独创。清初学者，才完全考订它由陈抟、种放而出，这原是道教的主张。周子从道教学《太极图说》，究竟对不对，那另是一个问题，但是它的影响很大，为构成宋学的主要成分。要是周子除了《太极图说》，专讲《通书》，倒看不出在学术史上有多大关系了。朱派以为二程出于濂溪，其实不然。二程但称周子，不称先生，先后同时，差十余岁，关系异常浅薄。

2. 邵康节

康节从道教的李之才，得图书先天象数之学，探赜索隐，妙悟神契，环堵萧然，不改其乐。其治学，直欲上追汉的五行，战国的阴阳家、邹衍一派。但他所讲阴阳五行，又与汉人不同，专凭空想，构造一种独创的宇宙观。他认为宇宙万有，皆生于心，所以说："先天之学，心也；后天之学，迹也；出入有无生死者，道也。"又说："先天学，心法也，故图皆自中起，万化万事生乎心也。"我们看邵子这种主张，实际上不是儒家，亦不是道家，自成一派。

邵子言性，亦主性善，以为仁义礼智，性中固有，所以说："性者，道之形体也。道妙而无形，性则仁义礼智具而体著矣。"但是他的主张，又与孟子不同，凡孔孟所讲治学方法，他都没有遵行。他不是和尚，亦不是道士，事事凭空创作，后来的人没有他聪明的，抄袭他的语言，不能传他的学问，所以影响不大。邵子在学术界，是一个彗星，虽没有顶大的价值，但不失为豪杰之士而已。

3. 张横渠

横渠为宋代大师，在学术界开辟力极强大。哲学方面，他与二程同时，互相师友，互相发明，不能说谁出于谁，朱派把他认为二程门下，是不对的。横渠不靠二程，二程不靠横渠，关洛各自发达，可以算得一时豪杰之士。他对于自然界，用力观察，想从此等处建设他的哲学的基础，但立论比二程高。二程为主观的冥想，很带玄学色彩；他是客观的观察，很富于科学精神。他主张气一元论，由虚空即气的作用，解释宇宙的本体及现象，与周子的《太极图说》、邵子的先天论，皆不相同。修养方面，他直追荀卿，专讲礼，并以礼为修养身心的唯一工具。《理窟·气质》说："居仁由义，自然心和而体正；更要约时，但拂去旧日所为，使动作皆中礼，则气质自然全好。"宋代学者，于开发后来学派最有力的人，当推横渠及二程，其重要约略相等。横渠死得早，门弟子不多，流传未广。南宋的朱子，受其影响极大。朱自命继承二程，其实兼承横渠，朱子的居敬格物，皆从横渠的方法模仿得来。

4. 二程子

向来的人，都把二程混作一块说，其实两人学风，全不一样。明道是高明的人，禀赋纯美，不用苦功，所得甚深。伊川是沉潜的人，困知勉行，死用苦功，所得亦深。以古代的人比之，大程近孟，小程近荀，所走的路完全不同。大程可以解释孟子，小程可以解释荀子。明道的学问，每以综合为体；伊川的学问，每以分析立说。伊川的宇宙观，是理气二元论；明道的宇宙观，是气一元论。这是他们弟兄不同的地方。

程朱自来认为一派，其实朱子学说，得之小程者深，得之大程者浅。明道言仁，尝说："学者须先识仁，仁者浑然与物同体。"言致良知，又说"良知良能，皆无所由，乃出于天，不系于人"，开后来象山一派。伊川言涵养须用敬，尝说："入敬之道始于威仪，而进于主一。"言进学在致知，又说："穷理即是格物，格物即是致知。"开后来晦翁一派。其详情，下面另有专章再讲，此处可以不说。

大概北宋学派，可以分此九家。纯粹的"哲学派"有五家，即周濂溪、邵康节、张横渠、程明道、程伊川。此外，尚有四家，即欧阳修、王安石、司马光、苏轼。最重要的为横渠及二程。横渠不寿，弟子无多，所以关系不大。二程一派，由谢上蔡、杨龟山、游鹰山、吕蓝田程门四先生，传衍下来，成为朱子一派。朱子学问，出于李延平，李延平学于罗豫章，罗豫章出于杨龟山。陆子学问，虽非直接出于明道，然其蹊径，很像上蔡，上蔡又是明道的得意门生。我们可以说大程传谢，谢传陆；小程传杨，杨传朱。北宋学派及其传授大概情形，约略如此。

上面说北宋最著名的学者有五家，号称北宋"五子"。南宋最著名的学者，亦有四家，号称南宋"四子"。

（1）朱熹号晦庵。

（2）张栻号南轩。

（3）陆九渊号象山。

（4）吕祖谦号东莱。

这四家中，朱陆最关重要，宋代的新的儒家哲学，他们二人集其大成。张吕皆非高寿，五十岁前后死，所以他们的门生弟子，不如朱陆之盛。南轩的学风，同朱子最相近，没有多大出入。东莱的学风，想要调和各家的异同。最有名的鹅湖之会，即由东莱发起，约好朱陆同旁的几家，在鹅湖开讲学大会，前后七天。这件事，在中国学术史上，极有光彩，极有意义。吕是主人，朱陆是客，原想彼此交换意见，化异求同，后来朱陆互驳，不肯相让，所以毫无结果。虽说没有调和成功，但两家经此一度的切磋，彼此学风都有一点改变，这次会总算不白开了。由鹅湖之会，可以看出朱陆两家根本反对之点，更可以看出东莱的态度及地位如何。

至于朱陆学说的详细情形，留到本论再讲，此刻不过提出两家要点，稍为解释几句。朱子学派，祖述程子——二程子中之小程，即伊川。伊川有两句很要紧的话："涵养须用敬，进学在致知。"他教人做学问的方法如此。用敬，关于人格方面，下功夫收摄精神，收摄身体，一切言语动作都持谨严态度，坚苦卓绝，可以把德性涵养起来。什么叫"用敬"？就是主一无适之谓。以今语释之，即精神集中，凡做一件事，专心致志，没有做完时，不往旁的想。致知，关于知识方面，不单要人格健全，还要知识丰富。什么叫"致知"？朱子释为穷理，《补大学格致传》说："所谓致知在格物者，言欲致吾之知，在即物而穷其理也。盖人心之灵，莫不有知，而天下之物，莫不有理。唯于理有未穷，故其知有不尽也。是以《大学》始教，必使学者，即凡天下之物，莫不因其已知之理，而益穷之，以求致乎其极。"朱子学问具见于文集、语录及《性理大全》，不过简单地说，可以把上面这两句话概括之。

陆子学派，有点像大程，即明道。最主要的，就是立大、义利之辨和发明本心。孟子说："先立乎其大者，则其小者不能夺也。"陆子将此二语极力发挥。何谓立大？就是眼光大的人，把小事看不起，譬如两个小孩，争夺半边苹果，大打一架，大哭一场。在我们绝对不会如此，因为我们至少还看见比苹果大的东西，就不为小物而争夺了。明人尝说："尧舜事业，只如一点浮云过目。"就是因为他能立大。所以汉高祖、唐太宗的事业，从孔子、释迦、基督看来，亦不过半边苹果而已。立大，是陆学根本。至于他用功的方法，第一是义利之辨。何谓义利之辨？就是董仲舒所谓："正其谊不谋其利，明其道不计其功。"这个话，从前人目为迂阔，其实不然。做学问就是为学问，为自己人格的扩大崇高，不是为稿费，不是为名誉，更不为旁人的恭维。譬如说捐躯爱国，要是为高爵，为厚禄，为名誉，那全不对，一定要专为国家才行。朱子知南康军事时，修复白鹿书院，请陆子讲演，陆子为讲"君子喻于义，小人喻于利"一章。那天天气微暖，听众异常感动，遂不觉汗流浃背。于此可见陆学的门径了。第二是发明本心。何谓发明本心？就是孟子所说"不失其赤子之心"。陆子亦相信人性皆善，只要恢复本心，自然是义不是利，自然能够立大。做学问的方法无他，"求其放心而已"。本心放失，精神便衰颓，本心提起，志气立刻振作。好像一座大火炉，纵然飞下几块雪片，绝不能减其热烈。陆子这个话，从大程子出，大程子的"识得仁体"，就是陆子的"发明本心"。以现在的话来说，又叫认识自我。人的本心，极其纯洁，只要认识、恢复它，一切零碎坏事俱不能摇动。人看事理不明，因本心为利害所蒙蔽了。

知识方面，朱子以为"天下之物，莫不有理"。而其精蕴，则已具于圣贤之书，故必由是以求之。陆子以为学问在书本上找，没有多大用处，如果神气清明，观察外界事物自然能够清楚。修养方面，朱子教人用敬，谨严拘束，随时随事检点。陆子教人立大，不须仔细考察，只要人格提高，事物即难摇动。所以朱谓陆为空疏，陆谓朱为支离，二家异同，其要点如此。陆不重书本，本身学问虽博，而门弟子多束书不观，袖手清谈，空疏之弊，在所难免。朱子重书本，并且要"即凡天下之物，莫不因其已知之理，而益穷之，以求至乎其极"，但天下事物如此之多，几十年精力，一件都不能穷，又安能即凡物而穷之呢？

两家主张不同，彼此辩论，互不相服。后来有许多人，专讲调和，或引朱入陆，或引陆入朱，而两家门下则彼此对抗。引陆入朱的人，以为自经鹅湖之会以后，象山领悟朱子，子寿尤为敬服。引朱入陆的人，如王阳明，作《朱子晚年定论》，李穆堂又作《朱子晚年全论》，证明朱子晚年与陆子同走一条路。然站在朱子方面的人，则目王、李为荒唐。平心而论，两派各走各路，各有好处，都不失为治学的一种好方法，互相攻击，异常无聊。最好各随性之所近，择一条路走去，不必合而为一，更不必援引那个，依附这个。

南宋学派，主要的是朱陆两家，历元明清三代，两派互为消长，直至现在，仍然分立。两派之外，还有两个人应当注意。一个是张南轩，可以说他是朱学的附庸，死得很早，没有多大成就，与朱子并为一派无妨。南轩生在湖南，湖湘学派，与朱子学派，实在没有什么区别。

一个是吕东莱。吕家世代都是有学问的人，所以吕家所传中原文献之学，一面讲身心修养，一面讲经世致用，就是我们前次所说内圣外王的学问。朱陆偏于内圣，东莱偏于外王。东莱自己，家学渊源，很好很有名，虽然早死，而门弟子甚多，后来变为永嘉学派。永嘉学派，最主要的有这几个：（1）薛季宣号艮斋；（2）陈傅良号止斋；（3）陈亮号同甫；（4）叶适号水心。他们都是温州一带的人。艮斋、止斋，专讲学以致用，对于北宋周程一派，很多不满的批评。以为只是内心修养，拘谨呆板，变为迂腐，应当极力提倡学以致用，才不会偏。同甫气魄更大，颇有游侠之风，他的旗号是"义利双行，王霸并用"。对于朱子的穷理格物固然反对，对于陆子的义利之辨亦很反对。论年代，薛稍早，与朱陆差不多，二陈稍晚。论主张，艮斋和止斋相同，同甫走到极端。东莱本来是浙人，浙江学者大半属东莱门下。东莱死，兄弟子侄门生，全走一条路，就是薛陈所走这条路，以后成为浙派。

朱子自信甚坚，对于旁的学派，辩得很起劲。朱子在学问上的两大敌，一派是金溪（即象山），一派是永嘉（即薛、叶、二陈）。朱子很痛心，本来东莱门下全都和他要好，后来都跑到永嘉一派去了。文集中，与象山和止斋辩论的信很多；语录中，批评陆派和永嘉的话亦很多。朱陆在当时都很盛，朱子门下最得意的是黄勉斋、蔡元定，没有多大气魄，不能够把他的学问开拓出来。其后一变再变，成为考证之学。朱子涵养用敬的工作，以后没有多大发展；进学致知的工作，开后来考证一派。朱派最有光彩的是黄震（东发）、王应麟（伯厚）二人，黄的《黄氏日钞》，王的《困学纪闻》，为朱派最有价值之书。清代考证学者，就走他们这一条路。

象山门下，气象比朱派大。朱子对于象山虽不满，而谓其门下光明俊伟，为自己门下所不及。象山是江西人，在本地讲学最久，但是几个大弟子都是浙东人，所谓甬上（宁波）四先生，即杨简、袁燮、舒璘、沈焕，得象山的正统。江浙二省，在学术上有密切关系。象山是江西人，其学不传于江西而传于浙东。阳明是浙东人，其学不传于浙东而传于江西。杨、袁、舒、沈是浙东，吕、薛、陈、叶亦是浙东，后来陆派同永嘉结合，清代的黄梨洲、万季野、邵念鲁、章实斋，他们就是两派结合的表现。

南宋四子，实际上只有三派，即朱派、陆派及永嘉派，这三派在当时尚未合一。南宋末年，几乎握手，可惜没有成功。元明以后，朱学自为一派，陆永合为一派，其势力直笼照到现在。

南宋时代，南方的情形如此，北方的情形又怎么样呢？北方自金人入主后，中原残破，衣冠之属相继南迁。所以在宋金对峙时，南方的文化比北方高。但金至世宗一朝——约与孝宗同时，四五十年间，太平安乐，极力模仿汉化，文运大昌。金方所流行者，为三苏一派，因为模仿东坡父子的文章，连带模仿他们的学术。所以那政治上宋金对峙，学术上洛蜀对峙。北方的人，事事幼稚，文学不振，哲学更差。唯有一人，应当注意，即李纯甫号屏山。宋儒无论哪一家，与佛都有因缘，但是表面排斥。宋儒道学，非纯儒学，亦非纯佛学，乃儒佛混合后另创的新学派。屏山是宋人，自然要带点佛学气味，不过他很爽快，所著的《鸣道集》，直接承认是由佛学出来，对洛派二程异常反对，指为阳儒阴佛，表里不一。他所讲的内容，好像李翱的《复性书》，发挥得更透彻明白。

朱子到晚年，一方面学派日昌，弟子遍于天下，一方面抵触当道，颇干朝廷厉禁。其中如宋宁宗的宰相韩侂胄执政时，在朝的朱子，及在野的同党，俱持反对态度。侂胄亦指朱子为伪学，排斥不遗余力。北宋的元祐党人、南宋的庆元党人，俱以正士为朝廷所不容。朱子死后，弟子不敢会葬，可见当时朱学所受压迫的程度了。又经几十年，到理宗中叶及度宗初叶，伪学之禁既开，而当时讲学大师，朱陆两家门下（陆派亦在伪学禁中），俱在社会上很有声誉。朝野两方，对宋学异常尊崇，其势复振。不久，宋室灭亡，蒙古代兴。

明代儒学

元朝以外族入主中国，文化不高，时间又短，在学术史上占不了重要位置。内中只有戏曲的文学差可撑持，天文数学亦放异彩，至于哲学方面则衰微已极。元朝学者，唯许衡（鲁斋）、刘因（静修）、吴澄（草庐）三人，稍露头角。这几位在元朝为大师，在全部学术史上，比前比后，俱算不了什么。固然朱学在元朝很发达，但朱学在宋末已为社会上所公认，元人不过保守权威，敷衍门面，无功可述，现在只好略去不讲。

明太祖初年，规模全属草创，对于文化，未能十分提倡。到永乐时，始渐注意，《性理大全》即于是时修成，以五子（周、程、张、朱）学术为主。此书编得很坏，纯属官书，专供科举取士之用，使学者考八股时，辨黑白而定一尊，除五子外，旁的俱所排斥。明人编修《性理大全》，用以取士，号尊宋学，尤其是程朱一派；实则把宋学精神完全丧失，宋学注重修养，何尝计及功名呢！

中间有几个著名大师，为明学启蒙期的代表，如方孝孺（正学）、吴与弼（康斋）、薛瑄（敬轩）、曹端（月川）、胡居仁（敬斋），俱在科举盛行时代一心研究学问，不图猎取功名。这种精神，极可佩服，而方孝孺风烈尤著，仗义不屈，为成祖诛其十族。他们几个人的学问，都出于程朱。薛胡诸人，比较平正通达。吴康斋的学问，由朱到陆，明代陆学之盛自康斋起。

明代中叶，新学派起，气象异常光大。有两个大师，可以代表，一个是陈献章（白沙），一个是王守仁（阳明）。陈白沙是广东新会的学者，离吾家不过十余里。他是吴康斋的弟子，他的学问，在宋代几位大师中，有点像大程子，又有点像邵康节。那种萧然自得的景象，与其谓之为学者，毋宁谓之为文学家。古代的陶渊明，与之类似，文章相仿佛，学问亦相仿佛。再远一点，道家与之类似——老、庄之道，非陈、种之道，他的学风很像庄子。孔门弟子中，曾点与之类似。"莫春者，春服既成，冠者五六人，童子六七人，浴乎沂，风乎舞雩，咏而归。"这种恬淡精神，两人一样。

白沙叫人用功的方法，就在"静中养出端倪"一句话。"端倪"二字太玄妙，我们知道他的下手功夫在用静就得了。白沙方法，与程朱不同，与象山亦不同。程朱努力收敛身心，象山努力发扬志气，俱要努力；白沙心境与自然契合，一点不费劲。"端倪"二字实在不易解，或者可以说是老庄的明自然，常常脱离尘俗，与大自然一致。其自处永远是一种鸢飞鱼跃、光风霁月的景象，人格是高尚极了，感化力伟大极了，可惜不易效法，不易捉摸。所以一时虽很光明，后来终不如阳明学派的发达。

白沙在家时多，出外时少。总计生平，只到过北京两次，旁的地方都未曾去，交游总算简单。他有一个弟子湛若水，号甘泉，亦是广东人，与他齐名。当时称陈湛之学，或称湛王之学。甘泉做的官很大（礼部尚书），去的地方亦很多，所到之处就修白沙书院，陈学的光大算是靠他。甘泉比阳明稍长，甘泉三十余岁，阳明二十余岁，同在北京做小京官，一块研究学问。阳明很受甘泉的影响，亦可以说很受白沙的影响。

王阳明，浙江余姚人，他在近代学术界中，极其伟大；军事上政治上，亦有很大的勋业。以他的事功而论，若换给别个人，只这一点，已经可以在历史占很重要地位了；阳明这么大的事功，完全为他的学术所掩，变成附属品，其伟大可想而知。阳明的学问，得力于龙场一悟。刘瑾当国，阳明弹劾他，位卑言高，谪贬龙场驿丞。在驿三年，备受艰难困苦，回想到从前所读的书、所做的事，切实体验一番，于是恍然大悟。这种悟法，是否与禅宗参禅有点相类，我们也不必强为辩护，但是他的方法，确能应时代的需要。其时《性理大全》一派，变为迂腐凋敝，把人心弄得暮气沉沉的，大多数士大夫尽管读宋代五子的著作，然不过以为猎取声名利禄的工具，其实心口是不一致的。阳明起来，大刀阔斧地矫正他们，所以能起衰救敝，风靡全国。

阳明的主要学说，即"致良知"与"知行合一"二事。前者为对于《大学》格物致知的问题。朱子讲格物，教人"即凡天下之物，莫不因其已知之理而益穷之，以求至乎其极"这种办法。朱子认为：《大学》所谓"明明德"的张本，从"大学之道"起至"未之有也"止，是经，以下是传。"诚意、正心、修身、齐家、治国、平天下"都有传，唯有"格物致知"无传，文有颠倒断节。朱子替他补上，其学说的要点，即由此出。阳明以为：读古人书，有些地方加添，有些地方补正，这种方法固有价值，但是《大学》这篇，绝对不应如此解释。所以他发表古本，不从朱子改订本。主张格物致知，即是诚意，因为原文说："欲诚其意者，先致其知。"下面又说："故君子必慎其独也。"慎独，即是致知，致知的解释，不是客观的知识，乃孟子所谓"所不虑而知者，其良知也"的良知。"致"的意思，是扩充它，诚意功夫如此。拿现在的话解释，就是服从良心的第一命令，很有点像康德的学说，事到临头，良知自能判断。如像杀人，头一念叫你不要做。又像职分上的牺牲，头一念叫你尽管做去。这就是良知；第二念、第三念，便又坏了。或者打算做好事，头一念叫你做去，第二念觉得辛苦，第三念又怕危险，于是歇手不做。这种就是致良知没有透彻。为人做学问，入手第一关键在此。

　　阳明既然主张致良知，更不能不主张知行合一。如恶恶臭，如好好色；见恶臭是知，恶恶臭是行；见好色是知，好好色是行。知、行两个字，原是一件东西，事到临头，良知自有主宰，善使知善，恶使知恶，丝毫瞒他不得。世未有知而不行的，知而不行，不是真知。如小孩看见火，伸手去摸，成人决不会摸，因为成人知道烫人，小孩不知道烫人。又如桌上放好臭鸭蛋、臭豆腐，不恶恶臭的人吃，恶恶臭的人就不吃。只需你一知道，要吃或不吃，立刻可以决定，这便是知行合一。朱子以为先要致知，然后实行，把做学问的功夫分成两橛。阳明主张，方说一个知，已自有行在；方说一个行，已自有知在，只是一件，决不可分。阳明教人下手方法，与朱子教人下手方法不同。

阳明寿虽不长，但是一面做事，一面讲学，虽当军事倥偬，弦诵仍不绝声，所以门生弟子遍于天下。明中叶后，全国学术界，让阳明一人支配了。王学的昌大，可分两处。一是浙江，是他生长的地方；一是江西，是他宦游的地方。所以阳明门下，可分为浙江及江西两派。前次讲象山生在江西而其学盛于浙江，阳明生在浙江而其学却盛于江西，赣浙文化有密切的关系。传阳明的正统，为江西几位大师，如邹守益号东廓，罗洪先号念庵，欧阳德号南野，颇能代表江西王学。阳明死后，就是这几个人，最得阳明真谛。但是王学的扩充光大，仍靠家乡浙派几位大师，有早年的，有晚年的。最初是徐爱字曰仁，钱德洪号绪山，他们二人，得阳明正宗。

徐早死，《传习录》有一部分是他作的。钱寿较长，其传颇盛。稍后是王畿号龙溪，他是阳明的老门生，年寿最长，阳明的学派的光大自他起，阳明学派的变态亦自他起。当初阳明教人，有四句话："无善无恶心之体，有善有恶意之动，知善知恶是良知，为善去恶是格物。"钱绪山以为这四句是阳明教人定本，王龙溪以为这四句是阳明教人权法，归根结底，性无善无恶，意无善无恶，知无善无恶，物无善无恶。阳明的话，没有多大玄学气味；龙溪的话，玄味很深，无下手处。所以王学末流，与禅宗末流混在一起，读他们的书，可以看出来，并不是阳明真面目。

阳明学派，另有几个重要人物，一个是罗汝芳号近溪，一个是王艮号心斋，都于王学有莫大的功劳。世或以王艮与王畿并称二王，或以近溪与龙溪并称二溪。心斋是一个倜傥不羁之士，本传称阳明做巡抚时，会徒讲学，心斋那时三十八岁，跑去见他，分庭抗礼辩难几点钟后，始大折服，执弟子礼。回去想想，似乎尚有不妥处，跑去收回门生帖子，彼此又辩，又折服了，才做阳明的门人。阳明说："吾擒宸濠，一无所动，今却为斯人动，此真学圣人者。"心斋言动奇矫，时戴古冠，穿异服，传达先生之道，阳明很骂他几回，但是他始终不改。心斋才气极高，门下尤多奇怪特出之士。何心隐就是一个，本姓梁，改姓何，以一个布衣用种种的方法把严嵩弄倒了，我们不能不佩服他有真本事。阳明死后，最接近的是二王或二溪，但是他们所走的路，与阳明很不一样。结果江西学派虽得正统，但是一传再传，渐渐衰微下去了。

最有力推行王学的，还是浙派（龙溪）和泰州派（心斋）。在晚明时候，有这样几个人：周汝登号海门，陶望龄号石篑，李贽号卓吾。周陶变为禅宗，李更狂肆，他们主张"酒色财气，不碍菩提路"，阳明学派愈变愈狂妄。到晚明时，本身起很大的变化，又可分为两派：第一派，参酌程朱学说，纠正末流的偏激，东林二大师顾宪成（泾阳）、高攀龙（景逸）就是代表。他们觉得周、李、陶一派太放肆了，须以朱学补充之，他们的学问仍从王出，带点调和色彩。第二派，根据王学的本身，恢复阳明的真相，刘宗周（蕺山）就是代表。他排斥二王二溪甚力，专提慎独，代替良知，以为做慎独的功夫，可以去不善而继于至善。顾高以程朱修正王学，蕺山以王学本身恢复王学，主张虽有出入，都不失为阳明的忠臣。

此外因王学末流的离奇，社会上起一种很大的反动，亦可分为两派：第一派，以程朱攻击阳明，与顾、高等不同，陈建（清澜）就是代表。他著一部《学蔀通辩》，一味谩骂，甚觉无聊，自称程朱，实于程朱没有什么研究。有时捏造事实，攻击人身，看去令人讨厌，然在学术史上不能不讲。因为明目张胆攻击王学，总算他有魄力。清初假程朱一派侈言道学，随声附和，用陈建的口吻攻击王学者颇多。第二派，主张读书，带点考证气味，焦竑、王世贞、杨慎就是代表。他们不唯攻击王学，连宋学根本推翻，周程张朱皆所反对，攻击程朱的话恐怕比阳明还多。几个人学问都很渊博。唯杨升庵较不忠实，造假书，造假话骗人。这一派，因为对于宋元明以来的道学下总攻击，在晚明时，虽看不出有多大力量，但清初至乾隆中叶，极其盛行，旧学风的推翻，新学风的建设，都由他们导引出来。

清代儒学

清代学术，是宋元明以后，一大转关，性质和前几代俱不相同。汉唐学者，偏于声音训诂的追求，马、郑、服、杜、陆、孔、贾以后没有多大发展的余地；宋儒嫌他们太琐碎了，另往新方面进行。宋明学者，偏于理气心性的讨论，程朱陆王以后，也没有多大发展的余地；清儒嫌他们太空虚了，另往新方面开拓。清代学者，承性理学烂熟的反动，以"汉学"相标榜，至乾嘉中叶，而汉学号称全盛。清代学风，固然偏在考证，对于儒家哲学亦有很大影响，可分建设及破坏两面观察。前者对于整理国故，用力最勤，与儒学只有间接关系；

后者对于推翻宋学，成效颇大，与儒学有直接关系。

甲 破坏方面

先从破坏方面观察。清代学者，对于宋元明以来七百年间所成就的学派，认为已到过度成熟、发生流弊的时期，非用革命手段摧陷廓清，不能有新的建设。这种破坏的工作，不自清始，晚明已然。焦竑、王世贞、杨慎，都是反动派的健将，不过革命的气焰至清代而极盛罢了。分开来讲，又分两种：一种是破坏王学，阳明这派，时代最晚，发达最盛，有些人专门与他为难。一种是破坏宋学，不单反对阳明，连周程张朱一律在所排斥。这两种中，破坏的工作及程度，亦有种种的不同，大概可以举出五派人作为代表。

1.用程朱作后盾，破坏陆王，可以陆陇其（稼书）作为代表。他同上次所讲做《学蔀通辩》的陈建一样的主张，认程朱为正统，陆王为异端，所以破坏王学，完全为拥护朱学。这一派范围最狭窄，理由最浅薄，然在社会上最有力量。不是因为系统学者多，乃是倚仗八股文人多，拿朱注作考试的工具，自然拥护朱学。有学问的人，尽管瞧不起他们，但是一般流俗，非常羡慕他们，不知不觉地，势力便大起来了。

2.有一种博杂而无系统的学问，利用好奇心，打倒前人，猎取名誉，可以毛奇龄（西河）作为代表。这派的话，尖酸刻薄，挑剔附会，舞文弄墨的地方很多，其所攻击，不单是王学，乃在宋学全部（西河比较地尚拥护王学，但也不是王学真相）。西河学问渊博，方面多，寿命长，后来许多人跟他学，在学术界很占势力，大致都带一点轻薄口吻，学问博杂，颇为后来考证学派辟出一种新路径。考证家不直接出自西河，但是他们所受西河的影响，很是不小。

上面两种破坏法，都不算十分正当：前者范围过于狭隘，门户之见太重；后者手段不对，专门骂人，自己亦无所得。不过他们这两派，在社会上势力确是不小，一般俗儒随声附和，非常崇拜他们。

3.没有成见，并不是以程朱作后盾，对于朱学稍为接近，对于王学末流加以攻击，可以顾炎武（亭林）、朱之瑜（舜水）二人作为代表。朱舜水当明亡以后，不愿受清朝的辖治，亡走日本，在中国影响不大，而在日本影响极大。明治维新以前，德川氏二百年，真以儒学致太平，这完全受舜水之赐，所以他在本国无地位，而在全局中地位极高，可与顾亭林并列。顾氏为清代学术的开创者，其学问的大部分俱在建设方面，下节再讲。至于破坏方面，见地极其高明，他不唯不满意王学末流，且不满意阳明本身，赞成阳明人格，反对他的学风。陆稼书二派，所讲朱学，其实是"八股家言"，算不得什么学问。顾、朱不是墨守朱学，另外自有心得，比较起来，对王破坏、对朱敬礼。不能说是以朱攻王，然于破坏王学，很有力量。

4.对于宋学全部，不管程朱陆王，根本认为不对，施行猛烈的总攻击，可以费密（燕峰）、颜元（习斋）二人作代表。这两人，在从前，大家都不十分注意，一向讲清代学术的人，都没有提到他们。颜氏近二三十年来，渐渐复活，费氏著作从前没有刻出，人不知道，近几年作品出版，了解的人比较多了。费燕峰，四川人，晚年侨寓扬州，从前人只知他会作诗，《池北偶谈》称他极为王渔洋所推服。他的哲学思想，具载他的遗著中，新近才刻出来，但是在建设方面没有什么贡献。颜习斋，直隶杨村人，以前没有铁路，很少人知道这个地方，他终身亦未同士大夫接触过。但是他比费燕峰强，费氏几个儿子，虽亦能作诗，活动力很小，颜氏的门生李塨（刚主）活动力异常之大，到处宣传他老师的学说，所以早几十年复活了。

费颜二人，对于宋元明七百年来的学说根本上不承认，下总攻击，斥为与孔孟门庭不同。攻击之点有三：头一件，是不赞成宋儒主静。他们以为做学问要动，主静不是做学问的方法，根本与儒家道术相反。第二件，不赞成宋儒以道统自居。程朱本人还没有说什么，他们的门下，常说得不传之学。《原道》所谓尧传舜，舜传禹，禹传汤，汤传文武周公，文武周公传孔子，孔子传孟轲，轲之死，未得其传。何以隔一千多年，传到河南程夫子，这岂不是造谣？第三件，偏于内圣，不讲外王，把政治社会都抛弃了。程、朱、阳明，虽非抛去外王不问，但是偏重内圣一些，末流愈走极端，知其一不知其二，颇足授人口实。这种话搔得着痒处，对于宋学末流攻击得很对。不过在社会上没有多大势力，远不如前述三派的受人注意，直到近二三十年，才渐渐发扬光大起来。

前三派，带这一派，都在道术本身上着眼，或专破王学，或兼破宋明，辩争之点不离道术，可谓主流，为造成破坏势力的中坚。

5.还有一派，不在道术本身下手，而在著作及解经方面挑剔，可以惠栋（定宇）作为代表。惠氏年代较迟，而力量很大。他攻击不到陆王，陆王对于各经都不曾作注，他攻击的主要对象就是程朱。前回讲，朱学启蒙时代，专门做注疏的功夫，到全盛时代，所有各经都重新另注一回。他们注经的方法，与汉唐学者迥异，汉唐注重训诂，他们注重义理。自南宋末年起至明洪武的《性理大全》出版止，几百年间，解经俱以朱注为主，汉唐注疏完全束之高阁了。惠栋一派出，朱注渐衰，而汉唐注疏复活。

清初学者，一面反对宋儒道术本身，一面反对宋儒解经方法。结果，宋人的总不对，汉人的总对，愈古愈好，愈近愈不行。乾嘉的考证学，以这派为先导，毛西河如此主张，陈启源亦如此主张，但是认真打旗号，拥戴汉学，推翻宋学，还是要算惠定宇。上面所述五种学派，联合起来，努力破坏，所以清代学术，对于宋元明学术，起很大的变化。最近三百年，在学术史上划一新纪元，秦汉学术复兴，宋明学术几乎全部消沉下去了。

乙 建设方面

次从建设方面观察。清代学者的建设事业，大部分在考证方面，以现在的话来解释，就叫作整理国故。这种工作，于儒家道术只有间接关系，直接关系很少，可以略去不讲，我们且要知道这种工作很勤劳、威信也很伟大就是了。考证以外，对于儒家道术，有直接关系的建设事业，可以分好几派，一方面根据王学朱学，加以修正或发明，他方面更能一空依傍，自树一帜。他们所处的时间，先先后后不同，他们所在的地方，南北东西各异。现在我们举出六个人，简单地说明一下。

1.继承王学，加以修正，当推孙奇逢（夏峰）。王学末流，变得很多，处处受社会上的非难。要想维持王学，不能不加以修正，孙夏峰、李二曲都是如此主张，而夏峰推衍流派较盛。夏峰生于晚明，人格高尚，豪侠好义，最能济朋友之难，寿命又很长，直活到九十三岁才死。清师入关，他的家乡让满人圈去了，跑到河南苏门躬耕讲学，门弟子从之游者极多，所以他这一派，在清初算是很盛。他是王派，但并不墨守王学，对程朱都不攻击，有人把他编入调和派。清初学者，以朱攻王者有之，以王攻朱者少，顶多为阳明作辩护而已，夏峰即是如此。他在河南，躬行力践，用工坚苦，其学问虽得力于阳明，然对于王学末流禅宗顿悟的学风，深所不取。后来汤斌（潜庵）的学问，就得力于夏峰。他们二人的工作，专在恢复王学本来面目，对于二溪以后的王学予以相当的排斥，以恢复阳明真相，使得有保存的价值，可谓王学的修正派。

2.发明王学，使之愈益光大，当推黄宗羲（梨洲）。明末王学后殿，就是刘蕺山。他生于浙东，浙东王学很盛，但是变相，非本来面目，他因为末流太猖狂了，设法校正他们。清初浙中王学，分为两派：二溪一派，以姚江书院为中心。蕺山一派，以证人书院为中心。《明儒学案》称明代大师二人，前有阳明，后有蕺山。梨洲是蕺山的门生，学问上继续地修正王学，修养上亦全本蕺山遗绪。但他另向一方面发展，即史学及经世之学。阳明本有六经皆史之说，而且本身事功极盛，梨洲循着这一点发挥光大，颇能改正王学末流空疏置悟之弊。梨洲一方面承蕺山遗绪，发明王学，于清代学风上，其开辟的功劳与顾亭林等；一方面建设新学派，努力史学，后来万季野、邵念鲁、全谢山、章实斋这一般人，都完全受他的影响。关于史学方面，这是后话，且不用讲。专讲他在儒家道术方面，真不愧王学大师，二百多年来，感化力的宏大，规模的深远，还没有超过他的啊！

承继孙夏峰学说的，是汤潜庵；承继黄梨洲学说的，是李穆堂。两位都是乾隆时人，为陆王学派的结束者。汤作巡抚，李作侍郎，皆光明俊伟，规模宏大。汤纯为实行家，纸面上的学问不多；李为著作家，有全集行于世。他们都是结束陆王学派的人，做的事业算是结束。同时不能不算是一种建设，令陆王学派经时代变迁，仍能立得住脚，有价值，有光彩，这是他们的功劳。

在王学方面，有这几个人，支持残垒，遗绪尚可不坠。在朱学方面，人才就很难得。大抵有清一代，学者态度，阳奉阴违，表面是宋学，骨子里是汉学，对于朱子直接攻击者少，敷衍面子者多。其间拥护程朱的，多半是阔老，一面骂陆王派为狂禅，一面骂汉学家为破碎，反抗程朱便是大逆不道。"宁说周孔错，不说程朱非。"这类人，多从八股出身，在学者社会中没有多大势力；在普通社会，很能耸动视听。可以略去不讲。勉强要在程朱派找出一个人来，只好还数陆稼书，清代最初从祀孔庙的是他。他于程朱学术的全体无多大发明，只能说他持身甚严、卫道甚力而已。清代程朱派人数虽多，人才很少，与其求之于陆稼书一派，不如求之于汉学家。汉学家训诂之学，实际上是从厚斋东发一派衍生出来。章实斋说过戴东原尽管骂朱子，实际上走的是朱子那条路。这个话，两方都不承认，但是事实，给我们一种很好的证明。

3.尊敬程朱，而能建设新学说，当推顾炎武（亭林）。顾氏，大家公认为清学开山祖师，然绝不像宋学派之以道统自任。他对程朱表示相当敬意，在山西时，曾修朱子祠堂，可谓之准朱学派。然而亭林对于朱学的修正，比梨洲对于王学的修正还多。黄氏根本上以王学为主；顾氏对朱学，不过敬礼而已。亭林方面很多，经世之学，有《天下郡国利病书》；考证之学，有《日知录》。好几个清代的学派，都由他开发出来。他治学自立门庭，反对讲空话，不轻言义理性命，专从实际的方面下手。他对于儒家道术，不单讲内圣，兼讲外王。宋明学者，都只一偏，并非儒家真相，他想恢复儒家本来面目，专提《论语》所谓"行己有耻""博学于文"两句话，用来涵盖一切。修养的方法很多，最扼要是行己有耻，即自律甚严之谓，对于晚明放佚颓废的学风根本上施以校正。一个人要方正，要廉隅，不要像球那样滚，日夜自己检束，归根结底是"知耻"二字。不耻恶衣恶食，而耻匹夫之不被其泽；不耻地位不如人，而耻品格不清。他专在廉隅、名节、出处、进退、辞受、取予方面注意，以为要如此才可以完成人格。这种有耻之教，比蕺山慎独之教还要鞭辟近里些。治学的方法很多，最扼要是博学于文。"文"有几种解释，书本知识是文，自然现象是文，社会现象亦是文，要随时观察研究。所以说他的学问，不单是内圣方面，而且兼外王方面。至于要明白他对于耻及文的详细解释，可以在他的《日知录》及文集里边找去。他本人人格崇高，才气伟大，为明代忠贞不贰的遗老，很得力于他母亲（非亲生母）的教训。他的父亲早死，母亲未婚守节，十七岁到顾家，过继他作养子，慢慢地抚育成人。满洲入关，义不事二姓，绝食二十七日而死。这样的节妇，真是难能可贵了！顾母死时，嘱咐亭林，不得在清朝作官。他平时所受教育很深，临终又有这样大的刺激，所以他一身行为，完全受顾母的支配。亭林初非明室官吏，然念念不忘恢复，到处观察形势，预为地步。到事功绝望时，乃另创一种学风，直影响到现在，其成就不在恢复明室之下。他人格高尚，无论哪派，不能不佩服。他学问渊博，开出来的门庭很多，说到清学的建设，自然不能不数他了。

4.非朱非王，独立自成一派，当推王夫之（船山）。船山是湖南人，他这一派，叫做湖湘学派。在北宋时为周濂溪，在南宋时为张南轩，中间很消沉，至船山而复盛。他独居讲学，并无师承，居在乡间，很少出来，生平只到过武昌一次，北京一次，可以说是个乡下人。清师入关，他抵死不肯剃头，所以怕人看见，藏在山洞里，穷到没有纸笔，然仍好学不厌。他的学风，与程朱比较接近，不过谓之程朱，毋宁谓之横渠。横渠作《正蒙》，船山的中心著作为《正蒙注》。横渠于书本外，注重观察自然界现象，船山也受他的影响，其精神比较近于科学的。张学自南宋断后几百年，至清初又算继续起来了。船山坚苦卓绝，人格感化极强，学问尤为渊博。他的《读通鉴论》《宋论》，不愧为一史评家，对于历史上事实另用新的眼光观察。所以他除自己身体力行外，学问方面，在史学界贡献甚大。这两部史论，专作翻案，为后来读史的人思想开放许多。船山对于佛学很有研究，而且学的是法相宗，作有《相宗络索》。近二十年法相宗复活，研究的人很多，并不算稀奇；但是在那时，佛教方面，完全为禅宗及净土宗所占领，没有人作学理的研究，他独在二百年前，祖述玄奘以后中断了的坠绪，可谓有独到的见解了。并且当时儒学末流，养成狂禅，分明是学佛教，抵死不肯承认与佛教有关；他独明目张胆，研究儒学，同时又研究佛教，一点不掩饰，这是何等的爽快！船山在清初湮没不彰，咸同以后，因为刊行遗书，其学渐广。近世的曾文正、胡文忠都受他的熏陶，最近的谭嗣同、黄兴亦都受他的影响。清末民初之际，智识阶级没有不知道王船山的人，并且有许多青年作很热烈的研究，亦可谓潜德幽光，久而愈昌了。

5.尊崇程朱，传其学于海外，当推朱之瑜（舜水）。舜水在本国没有什么影响，史家多不能举其名。他后半生都在日本过活，日本最近二百年的学风完全由他开出。明亡后，他屡屡欲作光复的事业，初到日本，后到安南、暹罗，在海外密谋起义，赤手空拳地经过多少艰难困苦，到底毫无成就。后来郑成功、张苍水大举北伐，攻下镇江，几乎克复南京，他在苍水军中规划一切，曾经走到芜湖，结果，还是失败了。自是之后，光复事业完全绝望，他便打定主意，在满清统治之下，绝对不回中国。那时日本人还抱闭关主义，外国人只能在长崎租界停顿些时，旁的地方一律不让住。所以他很困难，住些时走了，走了又来，往返许多次。长崎的日本人，知道他学问渊博，人格高尚，异常敬礼。后来让大将军德川氏听见了，请到东京去，待以宾师之礼。他亦以师道自居，德川光国的儿子，亦作他的门生，他于是住在东京，又几十年才死。因为德川氏的敬礼，全国靡然从风，对于他的起居言动，都很恭敬。他在日本学术界，算是很有势力。日本从前受中国文化最深是唐代，派遣学生、学僧，来唐留学，唐时佛教甚盛，儒学衰微，学去的都是佛教。宋明儒学复兴，但其时中日关系浅薄，所以日本对于儒学，根本上不明了。舜水是程朱派的健将，自他去后，朱学大昌。朱子之学，在国内靠陆稼书一般人的提倡，不过成绩很有限；在国外靠朱舜水一个人的传播，真是效力大极了。自然舜水是程朱一派的人，但是本事很大，书本上的知识很好，实际上的事情一点亦不放松。他在日本，学风上很有贡献，诗（各家的诗）同画（小李将军的山水）亦很有影响，他带去的东西，至今还归日本帝国博物院保存。他又懂建筑，日本之有孔庙，即由他起，孔庙中的房屋栋宇、衣服器具，完全摹仿中国，都由他打图样，起稿子。连他自己的棺材，亦属亲手造成，要能耐久不坏，清朝之后，好运回中国。辛亥革命时，还在日本保存，我们可以设法交涉，运回国来。固然他们尊重朱夫子，不愿运走，但本人的志愿，死后非运回来不可，应以尊重本人志愿为是。日本博物院，还有朱舜水手造模型，确是当年遗物。由此可以知道，他不单讲身心性命，还讲各种技术。他又教日本人读《资治通鉴》，以为最益人神智。他在日本，前后十几年，人格感化力大，方面又多，可以说自遣唐留学以后，与中国文化真正接触就是这一回。德川氏二百多年，以文治国，就是继承他的遗绪；维新以前，一般元老，都很受影响。他是朱学，中国王学亦输入，到维新时，两派都有了。维新时一切改革，王派力量很多，朱派力量亦不少，把朱学由中国传到日本，就是靠他。

6.反朱反王，而能独立自成一派，要算颜元（习斋）。习斋的学说，很有点像实验派的杜威。他完全是一个乡下佬，境遇非常可怜。崇祯十二年，满洲人大掠直隶、山东，他的父亲被掳去为奴，后来死在那里。习斋伶仃孤苦，父亡母嫁，成为一个无依无靠的孤儿，由旁人把他抚育长大，所以意志坚苦卓绝，虽然无师无友，而能独立自成一家。他反对宋学，主张根本推翻，以为孔孟都是动的，宋学独是静的，与孔孟相反。他尤其厌恶的是谈玄，儒家本不谈玄，宋以来玄味日趋浓厚，大非古意。他想复古，复到孔门所学，只谈礼、乐、射、御、书、数，不谈身、心、性、命。知识由何而来？由于做。譬如我们想到南京，不知怎样走法，问路径，买地图，可以知道大概；但要知道实在情形，还得亲身走去。他说宋以后的学问，只是问路径买地图，不曾亲身走路；真的儒家道术，不应如此。习斋对于周程以下，原想根本推翻，另外建设新的学派。那时虽未成功，其思想行事，很带科学精神，若使生于今日，必定是一个纯粹的科学家。他立志做书本以外的学问，礼、乐、射、御、书、数，样样都去实行，自己打靶，自己赶车，乐要学古乐，礼要依《仪礼》。但是所做这些事还是离不开书本，很难说是成功，不过精神可取就是了。他的话，很有许多合于科学，前两年科玄战争，就有许多人引用其中一部分，到现在看来，还是对的。这些地方，很可以令人佩服。他因为太古板，没有开辟什么。他的门生李恕谷（李塨），活动力很大，文章好，学问又渊博，常到北京。那时北京士大夫喜欢讲学，有一次，请万季野主讲，大家去听，季野见恕谷，异常佩服，就介绍恕谷讲。以季野的声名学问，很能震动一时，达官贵人拜倒门下者不少，但是对于这个无声无臭而且又年轻的李恕谷，居然客气谦逊起来，不能不说是异样的举动。由此北京人才知道有李塨，又才知道有颜元。恕谷极其活动，曾到陕西，又到江南，到处宣传他老师的学说，所以这派学问，在当时很有力量。戴东原的见解，与颜李相同之点颇多，虽不敢说直接发生关系，然间接总受影响。恕谷死后，汉学派盛行，对于他的学问，大不谓然；而假程朱一派，尤为恨入骨髓。在两种势力压迫之下，颜李这派自然日就消沉了。道光末，戴望（子高），很提倡颜氏学说。近二三十年来，颇有复活的趋势，大家都承认颜氏为一个大师，很佩服他的不说空话、专讲实行的精神。但是他的学问究竟能复活与否，我尚怀疑，因为太刻苦了，很难做到。他最反对以孔门的话作为口头禅，我们但学他的话，不能实行他的主张，算不得真颜李派。往后青年，果能用极坚苦的精神去实行，自然可以复活。

清代初叶，在建设方面，可以这六派作为代表。虽然他们的学说各有短长，然俱能自树一帜，而且持之有故，言之成理，有的于当时影响很大，有的于后代影响很大。而且这几个大师，方面都很多，不像宋儒，单讲身心性命，所以开辟力格外来得强大。后来各种学说，都由他们启个端绪，由后人集其大成。清代学术所以能大放异彩，大部分靠他们。

丙 清中叶以后四大潮流

上面所说破坏方面的五派，建设方面的六派，都是清代初叶同中叶的事情。中叶以后，到乾嘉之间，这许多学说，暂时各归沉寂，另有四大潮流出现，而考证学不在内。在前面已经说过了，考证学与儒家道术无大关系，可以不讲，有关系的就是这四大潮流。

1.皖南学派，以戴震（东原）为代表。东原本来受他乡先辈江永（慎修）的影响（有人说他是慎修学生，这个话靠不住，恐怕是私淑弟子）。慎修的学问，有点像顾亭林，对于经学及音韵学很有研究，对于程朱的学问亦能实行。他的《近思录集注》，可谓朱门正传。朱派自王厚斋、黄东发以后，就是顾亭林；亭林以后，就是江慎修。东原自幼便受慎修的影响。清代考证学，东原集其大成，本人著作很多，段玉裁、王念孙皆出其门下。在当时惠戴齐名，但是定宇成就小，东原开辟多，在清代中，他算第一流的学者。与他同时的人，推重他的训诂考证。其实东原所得，尚不止此，他之所以伟大，还是在儒家道术方面，《孟子字义疏证》及《原善》《原性》，俱有独到的见解。他死后，门生洪榜为作行状，以他所作《答彭进士允初书》嵌入，亲友哗然。结果，戴家所发行状，把那一段删去，而洪榜文集中则将原文留下。旁的为他作传作行状的人，都没有提到他的儒学，这是很不对的。《孟子字义疏证》将原书一字一字地解释，把儒家道术大部分放在里边，可算得孟氏功臣。他一方面发挥性善之说，一方面反对宋儒分性为天理、气质二种，认定宋儒矫正性欲，全属过分，与颜习斋、费燕峰相呼应。他对于费书，绝对没有看见，对于颜的学说，或者间接受李恕谷、程绵庄的影响。他这一派，对于宋儒谈玄一部分，如无极、太极之说，根本上攻击。对于宋儒谈性一部分，如存天理、去人欲之说，亦很反对。空空洞洞，专凭主观的理，不能有好结果，必定要根据客观的事实。东原自命为孟子功臣，我们看来，与其说他是孟子的功臣，毋宁说他是荀子的功臣。他的学说，与孟不同，与荀相近。他虽反对程朱，实际上得力于程朱者很多，与程朱走的是一条路（看《文史通义·朱陆》）。帮助孟子，然而不像孟子；反对朱子，然而近似朱子。清代程朱学派，陆稼书不算正统，戴东原才是正统；最少他对于朱学修正补充，使有光彩，有价值，功劳还在稼书之上。因为他生的北方，在皖之南，可以称为皖南学派。《四库全书》，大部分由他编定。他在清代中叶，算是一个中坚人物。门生多传他的考订、训诂、校勘之学，但他关于儒学道术的话，亦有很大的影响。凌廷堪（次仲）、焦循（理堂）、阮元（芸台），都是一方面研究考订，一方面研究儒术。焦循作《孟子正义》，对于儒学，有相当的发明。阮元为焦循内弟，同在一块研究学问，著述中关系儒学的话尤多。到阮元时，清代汉学已达全盛，自然有流弊发生，所以他自己就提倡汉宋并重，以图挽救。阮做官很大，到的地方亦很多，学问不如东原，而推广力过之。即如广东，他经手创学海堂，只取四十个学生，大多积学之士，在学问上贡献极大；广东近百年的学风，由他一手开出。广东近代几位大师，都主张调和汉宋，可以陈兰甫、朱九江作为代表。兰甫比九江声名更大，考证学亦很好，他作《东塾读书记》，《孟子》一卷、《诸子》一卷、《程朱》一卷，联合贯通发明处颇多。又作《汉儒通义》，以为宋儒并不是不讲考据，汉儒并不是不讲义理。这种学风，也可以说是清末"粤学"的特色。即以我自己而论，对于各家都很尊重，朱程的儒学固然喜欢，考据学亦有兴趣，就是受陈朱两先生的教训。更由陈朱推到阮，由阮推到戴，可见戴派影响之大。

2. 浙东学派，以章学诚（实斋）为代表。自宋以来，浙东学术很发达，吕东莱而后是陈同甫、叶水心，再后是甬上四先生杨、袁、舒、沈，又后是王阳明、刘蕺山，都是浙东人。浙东在学术界，占很高的地位。陈、叶的文献经世之学，与阳明的身心性命之学混合起来，头一个承受的人，便是黄梨洲。前面讲他对于阳明学派的建设，只算一部分；还有一部分——最重大的部分，是文献之学，即史学。梨洲是清初大师，他的门生，为万充宗及万季野。季野较渊博伟大，《明史稿》由其一手作成。二万是直接的门生，还有一个私淑弟子，即邵廷采（念鲁）。念鲁的祖父，为阳明门生，属姚江书院派，与证人书院派相对抗，到念鲁又受业梨洲之门，对于史学异常注重。浙东最有名的学者，都是史学大师，万、邵为史学界开山鼻祖。稍晚一点，为全祖望（谢山），学问方面很多，但是主要工作仍在文献方面。由黄梨洲而万季野、邵念鲁，由万、邵而全谢山，渐渐成为一种特有的学风。致用方面，远绍宋代吕东莱一派文献之学；修养方面，仍主阳明。到乾隆末，出一位大师，曰章实斋，集浙东学派之大成。实斋全部工作，皆在史学；然单以史学，看不出整个的章实斋，好像单以经学，看不出整个的戴东原一样。二人于本行之外，在儒家道术上，亦有相当地位。二人交情不好，彼此相轻，学风则有一点相同，俱不主张空谈性命，对于带玄学的心性论异常反对，要往实际方面下死功夫。实斋讲道外无器，器外无道，此二语出自《易》。《易》说："形而上者谓之道，形而下者谓之器。"东原主张相同，亦有近似这类的话。实斋讲六经皆史，要求儒家道术顶好在历史上求去，道起三人居室，在古代为书本学问，在近代为社会事物，所以他自己用力的工作全在史学上。实斋这一派虽为第二大潮流，然在当时不很显著；他看不起东原，东原门下又看不起他，而东原声气广远，他的势力抵抗不过，自然在当时难于风行。他的价值，最近二三十年，才被人认出来。

3.桐城学派，以方东树（植之）为代表。我讲桐城人物，不举方苞，不举姚鼐，因为他们仅能作点文章，没有真实学问，所谓桐城文学，不过纸上谈兵而已。自明末以来，桐城很出人才，最初是方以智，明清之间的第二流学者。其次是方苞（望溪）、戴名世（南山），康雍之间，颇负盛名。南山以文章出名，所谓因文见道，自他起，后遭文字狱死，大家引以为戒。望溪属于程朱派，其地位远在稼书之下，稼书尚不过尔尔，他的学问更不必说。桐城学派，以前实无可讲。嘉庆末年，出了一个伟大人物，即方植之。他生当惠戴学派最盛行的时候，而能自出主张，不随流俗所尚，可谓特出之士了。汉学全盛之后，渐渐支离破碎，轻薄地攻击程朱，自己毫无卓见。方承这种流弊，起一极大反动，作《汉学商兑》《书林扬觯》对汉学为猛烈的攻击，主张恢复程朱。他对于程朱究竟有多少心得，我不敢说，但在汉学全盛时代，作反抗运动，流弊深了，与他们一副清凉散吃，在思想界应有重要的地位。他很穷，跟随阮元，充当幕府。阮开学海堂，其中学长，初用外省人，本堂有成就后，才用本省人，他便做了第一任的学长。广东学风，采调和态度，不攻宋学，是受他的影响；此犹其小焉者。还有更大的影响，就是曾文正一派。曾文正很尊敬他，为他刻文集，曾一面提倡桐城文学，一面研究朱学，有《圣哲画像记》，自伏羲、文王、周公、孔子起，一直传到姚姬传止，姚为方的先生，因为尊敬方，才尊敬姚。曾派及其朋友门下，靠儒学作根底，居然能做出如许的功业，人格亦极其伟大，在学术界很增光彩。而他们与桐城派关系极深，渊源有自，所以我们不能不认桐城为很大的学派。

4.常州派，可以庄存与（方耕）、刘逢禄（申受）为代表。常州在有清一代，无论哪一门学问，都有与人不同的地方。古文有阳湖派，词有阳湖派，诗亦有阳湖派，尤其在学问上，另外成为一潮流，有极大的光彩。这一派在经学方面，主张今文学。今古文的争执，东汉以后，已渐消灭。直到清代中叶，又将旧案重提，提案的人就是庄、刘。他们反对东汉以后的古文，恢复西汉以前的今文，研究《公羊传》，专求微言大义；以为东汉以后解经的人，都在训诂名物上作功夫，忘却了主要的部分。这派的主张，牵连到孔子的政治论，都说孔子作《春秋》的来意，就是内圣外王。自他们专提今文以后，今文在学术界很有极大的势力。继他们而起的，有两种人，籍贯虽然不是常州，然不能不说是常州一派。一个是魏源（默深），著有《海国图志》《皇朝经世文编》，颇努力于经世致用之学。一个是龚自珍（定庵），著有《定庵文集》，关于政治上的论调极多。反抗专制政体的话，创自黄梨洲、王夫之，至龚、魏更为明显。他们一面讲今文，一面讲经世，对于新学家刺激力极大。我们年轻时，读他二人的著作，往往发烧。南海康先生的学风，纯是从这一派衍出。我们一方面赞成今文家的政治论，一方面反对旧有的传统思想，就是受常州派的影响。我年轻时，认为他们的主张，便是孔子的真相。近来才觉得那种话，不过一种手段，乃是令思想变化的桥梁。

上述四派，为乾、嘉、道、咸之间学术上四个大潮流，主张都很精彩，能集前人所已成，能开前人所未发，所有重要的学者和主张都让他们包括尽净了。还有一派，附带要讲的，就是佛学。自宋学兴起以后，儒者对于佛学，骨子里受用，口内不敢说。前清中叶以后，有一派人，不客气地讲佛，由阳明转一转手，最主要的是罗有高（台山）、彭绍升（尺木）、汪缙（大绅）。他们对于净土宗很实行，对于禅宗很排斥。虽然留着辫子，实际上是几个未受戒的和尚，文章很好，儒学亦好；他们的地位，很像唐代的李翱和梁肃。自从他们把真面目揭开以后，大家才觉得讲佛不是一件对不起人的事情，用不着藏藏躲躲。魏默深、龚定庵都很讲佛，不过没有实行；罗、彭、汪等，有纯洁的信仰，言行又能一致，所以在社会上很能站得住脚。龚、魏等虽是佛徒，但没有他们的纯粹，不能编入此派。清末常佛两派，结合得很坚固。我的朋友中，如戊戌死难的谭嗣同，即由常州派及佛派的结合，再加上一点王船山的思想，以自成其学问。清代主要的学派及潮流，大致如此。

儒家的基本思想

仁[1]

儒家言道言政，皆植本于"仁"。不先将仁字意义说明，则儒家思想末由理解也。仁者何？以最粗浅之今语释之，则同情心而已。"樊迟问仁，子曰：爱人。"（《论语》）谓对于人类有同情心也。然人曷为而有同情心耶？同情心曷为独厚于人类耶？孔子曰：

仁者人也。（《中庸》）

此言"仁"之概念与"人"之概念相函。再以今语释之，则仁者人格之表征也。故欲知"仁"之为何，当先知"人"之为何？"人"何以名，吾侪因知有我故比知有人，我圆颅而方趾，横目而睿心，因此凡见有颅趾目心同于我者，知其与我同类。凡属此一类者，锡予以一"大共名"谓之"人"。人也者，通彼我而始得名者也。彼我通，斯为仁，故"仁"之字从二人。郑玄曰："仁，人也，读如'相人偶'之人也。"（《礼记注》）非人与人

---

[1] 本文节选自梁启超《先秦政治思想史》，常州新群书社印刷所1923年版。

相偶，则"人"之概念不能成立。申言之，若世界上只有一个人，则所谓"人格"者决无从看出。人格者，以二人以上相互间之"同类意识"而始表现者也。既尔，则亦必二人以上交相依赖，然后人格始能完成。

智的方面所表现者为同类意识。情的方面所表现者为同情心。荀子所谓"有知之属莫不爱其类"。爱类观念，以消极的形式发动者则谓之恕，以积极的形式发动者则谓之仁。子贡问一言可以终身行，孔子曰：

> 其恕乎。己所不欲，勿施于人。（《论语·卫灵公》）

于文，如心为恕，推己度人之谓也。唯有同类意识故可以相推度，吾所不欲者以施诸犬马，或适为彼所大欲焉，未可知也。我既为人彼亦为人，我感受此而觉苦痛，则知彼感受焉而苦痛必同于我，如吾心以度彼，而"勿施"焉。即同情心之消极的发动也，故孟子曰：

> 强恕而行，求仁莫近焉。（《孟子·尽心上》）

消极的恕，近仁而已。积极的仁，则更有进。孔子曰：

> 夫仁者，己欲立，而立人；己欲达，而达人。

能近取譬，可谓仁之方也已。（《论语·雍也》）

譬者比也。以有我比知有彼，以我所欲比知彼所欲，是谓"能近取譬"。近取譬即"如心"之恕也。然恕与仁复异名者，恕主于推其所不欲，仁主于推其所欲。我现在所欲立之地位，必与我之同类相倚而并立，我将来所欲到达之地位，必与我之同类骈进而共达。何也？人类生活方式，皆以联带关系（即相人偶）行之，非人人共立此地位，则我决无从独立，非人人共达此地位，则我决无从独达。"立人达人"者，非立达别人之谓，乃立达人类之谓。彼我合组成人类，故立达彼即立达人类，立达人类即立达我也。用"近譬"的方法体验此理，彻底明了，是谓"仁之方"。手足麻痹，称为"不仁"，为其同在一体之中而彼我痛痒不相省也。二人以上相偶，始能形成人格之统一体，同在此统一体之中而彼我痛痒不相省，斯谓之不仁。反是斯谓仁。是故仁不仁之概念可得而言也。曰不仁者，同类意识麻木而已矣；仁者，同类意识觉醒而已矣。

儒家曷为对于仁之一字如此其重视耶？儒家一切学问，专以"研究人之所以为人者"为其范围，故孟子曰：

> 仁也者，人也。合而言之道也。（《孟子·尽心下》）

荀子曰：

> 先王之道，仁之隆也。……非天之道，非地之道，人之所以道也。（《荀子·儒效》）

吾侪若离却人之立脚点以高谈宇宙原理物质公例，则何所不可？顾儒家所确信者，以为"人能弘道，非道弘人"。故天之道地之道等等悉以置诸第二位，而唯以

"人之所以道"为第一位。质言之，则儒家舍人生哲学外无学问，舍人格主义外无人生哲学也。

吾为政治思想史，曷为先缕缕数千言论人生哲学耶？则以政治为人生之一部门，而儒家政论之全部，皆以其人生哲学为出发点，不明乎彼，则此不得而索解也。今当入本题矣。孔子下"政"字之定义，与其所下仁字定义同一形式，曰：

> 政者正也。（《论语·颜渊》）

然则如何始谓之正，且何由以得其正耶？彼有"平天下絜矩之道"在。所谓：

> 所恶于上，毋以使下；所恶于下，毋以事上。所恶于前，毋以先后；所恶于后，毋以从前。所恶于右，毋以交于左；所恶于左，毋以交于右。此之谓絜矩之道。（《大学》）

儒家政治对象在"天下"。然其于天下不言治而言平，又曰："天下国家可均。"平也，均也，皆正之结果也。何以正之？道在絜矩。矩者以我为标准，絜者以我量彼。荀子曰：

> 圣人者以己度者也，故以人度人，以情度情，以类度类。（《荀子·非相》）

故絜矩者，即所谓能近取譬也，即所谓同类意识之表现也。吾侪读此章，有当注意者两点：

第一，所谓絜矩者，纯以平等对待的关系而始成立，故政治决无片面的权利义务。

第二，所谓絜矩者，须人人共絜此矩，各絜此矩，故政治乃天下人之政治，非一人之政治。

此文絜矩之道，专就消极的"恕"而言，即荀子所谓"除怨而无妨害人"也。

欲社会能为健全的结合，最少非相互间各承认此矩之神圣焉不可。然"矩"之作用，不以此为止，更须进而为积极的发动，夫然后谓之"仁"。孟子曰：

> 仁者以其所爱及其所不爱。（《孟子·尽心下》）

又曰：

> 人皆有所不忍，达之于其所忍，仁也。（《孟子·尽心下》）

人类莫不有同类意识，然此"意识圈"以吾身为中心点，随其环距之近远以为强弱浓淡。故爱类观念，必先发生于其所最亲习，吾家族则爱之，非吾家族则不爱；同国之人则不忍，异国人则忍焉。由所爱以"及其所不爱"，由所不忍以"达于其所忍"，是谓同类意识之扩大。孟子曰："古之人所以大过人者无他焉，善推其所为而已矣。"推者何？扩大之谓也。然则所以推之道奈何？彼之言曰：

> 老吾老，以及人之老；幼吾幼，以及人之幼，天下可运于掌。《诗》云："刑于寡妻，至于兄

弟，以御于家邦。"言举斯心加诸彼而已。（《孟子·梁惠王上》）

"举斯心加诸彼"，即"能近取譬""老吾老以及人之老……"，即"欲立立人，欲达达人"。循此途径使同类意识圈日扩日大，此则所谓"仁之方"也。

明乎此义，则知儒家之政治思想，与今世欧美最流行之数种思想，乃全异其出发点。彼辈奖励人情之析类而相嫉，吾侪利导人性之合类而相亲。彼辈所谓国家主义者，以极褊狭的爱国心为神圣，异国则视为异类，虽竭吾力以蹙之于死亡，无所谓"不忍"者存，结果则糜烂其民而战以为光荣，正孟子所谓"不仁者以其所不爱及其所爱"也。彼中所谓资本阶级者，以不能絜矩，故恒以己所不欲者施诸劳工，其罪诚无可恕。《诗》曰："民之无良，相怨一方。"以此为教，而谓可以改革社会使之向上，吾未之闻。孟子曰：

离则不祥莫大焉。（《孟子·离娄上》）

荀子曰：

彼将厉厉焉，日日相离嫉也；我今将顿顿焉，日日相亲爱也。（《荀子·王制》）

以吾侪诵法孔子之中国人观之，所谓社会道德者，最少亦当以不相离嫉为原则。同类意识，只有日求扩大，而断不容奖励此意识之隔断及缩小以为吉祥善事。是故所谓"国民意识""阶级意识"者，在吾侪脑中殊不明了，或竟可谓始终未尝存在。然必以此点为吾侪不如人处，则吾之不敏，殊未敢承。

且置此事，复归本文。儒家之理想的政治，则欲人人将其同类意识扩充到极量，以完成所谓"仁"的世界。此世界名之曰"大同"。大同政治之内容，则如《礼记·礼运》篇所说：

> 大道之行也，天下为公，选贤与能，讲信修睦。故人不独亲其亲，不独子其子，使老有所终，壮有所用，幼有所长，矜寡孤独废疾者皆有所养。男有分，女有归；货恶其弃于地也，不必藏于己；力恶其不出于身也，不必为己。是故谋闭而不兴，盗窃乱贼而不作，故外户而不闭。是谓大同。

此章所包含意义，当分三段解剖之：

1. "天下为公，选贤与能，讲信修睦"，此就纯政治的组织言。所言"天下"与下文之"城郭沟池以为固"相对，盖主张"超国家"的组织，以全世界为政治对象。所言"为公"及"选贤与能"，与下文之"大人世及以为礼"相对，盖不承认任何阶级之世袭政权，主张政府当由人民选举。所言"讲信修睦"，指地域团体（近于今世所谓"国际的"而性质不同）相互间关系，主张以同情心为结合基本。

2. "故人不独亲其亲……女有归"，此就一般社会组织言。主张以家族为基础，而参以"超家族"的精神。除老壮幼男女废疾等生理差别外，认人类一切平等。在此生理差别上，充分利用之以行互助，其主要在"壮有所用"一语，老幼皆受社会公养，社会所以能举此者，则由壮者当以三四十年服务于社会也。（《汉书·食货志》云："七十以上，上所养也。十岁以下，上所长也。"）

3."货恶其弃于地也，不必藏于己；力恶其不出于身也，不必为己"，此专就社会组织中关于经济条件者而言。货恶弃地，则凡可以增加生产者皆所奖励，然不必藏诸己，则资本私有甚非所重，不惟不肯掠取剩余价值而已。力恶不出，故常认劳作为神圣，然不必为己，不以物质享乐目的渎此神圣也。此其义蕴，与今世社会主义家艳称之"各尽所能""各取所需"两格言正相函，但其背影中别有一种极温柔敦厚之人生观在，有一种"无所谓而为"的精神在。

儒家悬此以为政治最高理想之鹄，明知其不能骤几也，而务向此鹄以进行。

故孔子自言曰："丘未之逮也，而有志焉。"（《礼记·礼运》此文之冠语）进行之道奈何？亦曰以同类意识为之枢而已。故曰：

圣人耐（即能字）以天下为一家，以中国为一人者，非意之也（意即臆字，言非臆度之谈）。必知其情，辟（即譬字）于其义，明于其利，达于其患，然后能为之。（《礼记·礼运》）

不仁之极，则感觉麻木，而四肢痛痒互不相知；仁之极，则感觉锐敏，而全人类情义利患之于我躬，若电之相震也。信乎"以天下为一家，中国为一人，非意之也"。

礼①

孔门教的普通学，就是礼乐。为什么如此注重它呢？因为认它是涵养人格的利器。

礼的起源本甚古，但到孔子时，意义已经屡变，范围愈扩愈大（参见胡氏《中国哲学史大纲》页一三四——一三八）。从训诂上，可以考出它的变迁：

狭义的礼：礼……所以事神致福。从示从豊，豊亦声。（《说文》）

广义的礼：礼者，履也。（《尔雅》《说文》《祭义》《荀子·大略》）

最广义的礼：礼者，理也。（《礼记·乐记》《礼记·仲尼燕居》《荀子·礼论》）

"礼"字本义，不过从祭器出来，所以《礼记·礼运》说："礼者，君之大柄也，所以别嫌明微，傧鬼神。"又说："礼之初始诸饮食，其燔黍捭豚，污尊

———————————

① 本文节选自梁启超《孔子》，收入《饮冰室合集·专集》第10册，中华书局1936年版。

而抔饮……犹若可以致其敬于鬼神。"可知最古的礼，不过是宗教上一种仪式。凡初民种种制度，大半从宗教仪式增广蜕变而来。例如印度的《摩奴法典》，本是教规，后来变成法律。我国的礼，也是这样，渐渐把宗教以外一切社会习惯都包含在礼的范围内，"礼"字成了人人当践履的意义。所以《易·象》说："非礼弗履。"《礼记·祭义》说："礼者，履此者也。"《荀子·大略》说："礼者，人之所履也。"《尔雅·释言》亦说："履，礼也。"礼变成一切行为的轨范了。古代政教合一，宗教上的仪典和国家社会的法制，往往合为一炉，无甚分别。历代帝王，常采集社会上公认的行为规范，编成一代的礼。所以说"非天子不议礼，不制度"（《礼记·中庸》），说"三王异世不相袭礼"（《礼记·乐记》）。所以有夏礼、商礼、周礼种种不同。（《论语》）到这时候，礼的性质，和法律差不多，成为社会上一种制裁力。所以《左传》里头，替"礼"字下了许多解说：

夫礼，所以整民也。（《庄二十三年》曹刿语）

礼，国之干也……礼不行则上下昏，何以长世？（《僖十一年》内史过语）

礼，政之舆也。（《襄二十一年》叔向语）

礼，王之大经也。（《昭十五年》叔向语）

夫礼，天之经也，地之义也，民之行也。

（《昭二十五年》子太叔述子产语）

此皆孔子以前贤士大夫对于礼的观念。到了孔门，此种观念，益加发达。如：

礼者，君之大柄也。（《礼记·礼运》）

礼者，人主之所以为群臣寸尺寻丈检式也。

（《荀子·儒效》）

礼者，法之大分，类之纲纪也。（《荀子·劝学》）

据此看来，礼的性质，简直与法无甚差别。虽然，有很不同的一点，是：

礼者禁于将然之前，而法者禁于已然之后。

（《大戴礼记·礼察》）

所以又说："出于礼者入于刑。"当孔子时，法家学派虽未完全成立，然法治与礼治两种主义之优劣，在士大夫中已成为问题。观叔向、子产辩论之言可见。

（《左传·昭六年》）孔子是绝对的主张礼治反对法治的人，所以说：

道之以政，齐之以刑，民免而无耻；道之以德，齐之以礼，有耻且格。（《论语·为政》）

孔子的意思，以为（1）法不过事后消极的裁制，礼才是事前积极的裁制，直接的效果，已经悬殊。（2）法的裁制力是他动，礼的裁制力是自动，间接的效果，影响非巨。所以说：

> 礼云礼云，贵绝恶于未萌，而起敬于微眇，使民日徙善远罪而不自知也。（《大戴礼·礼察》）

孔子以为礼的作用，可以养成人类自动自治的良习惯，实属改良社会的根本办法。他主张礼治的主要精神在此。然则礼为什么能有这种作用呢？他说：

> 礼者，因人之情而为之节文以为民坊者也。（《礼记·坊记》）

礼所以能发生作用，最重的要素是因人之情。《礼记·礼运》有几段说得最好：

> 人情以为田……何谓人情？喜怒哀惧爱恶欲七者弗学而能。

> 饮食男女，人之大欲存焉。死亡贫苦，人之大恶存焉。故欲恶者，心之大端也。人藏其心，不可测度也……欲一以穷之，舍礼何以哉！

宋以后儒者，都说人欲是不好的，是应该屏绝的。孔门却不然，他的礼教，就是从情欲的基础上建设出来。但他以为情欲虽不可无，却是要节。《礼记·乐记》说：

> 人生而静，天之性也。感于物而动，性之欲也。物至知知，然后好恶形焉。好恶无节于内，知诱于外，不能反躬，天理灭矣。夫物之感人无穷，而人之好恶无节，则是物至而人化物也。

《荀子》亦说：

> 礼起于何也？曰：人生而有欲，欲而不得则不
> 能无求，求而无度量分界则不能不争，争则乱，乱
> 则穷。先王恶其乱也，故制礼义以分之，以养人
> 之欲给人之求，使欲必不穷乎物，物必不屈于欲。
> （《礼论》篇）

这两段说对于外感的节制，最为精到。还有对于内
发的节制，子游说：

> 有直情而径行者，戎狄之道也。礼道则不然。
> 人喜则斯陶，陶斯咏，咏斯犹（郑注："犹，当为
> 摇"），犹斯舞；愠斯戚，戚斯叹，叹斯辟（郑
> 注："辟，拊心也"），辟斯踊矣，品节斯，斯谓
> 之礼。（《礼记·檀弓下》）

礼的最大作用，就是个节字。所以《荀子·大略》
篇说："礼，节也。"《礼记·乐记》亦说："礼节民
心。"《中庸》说："喜怒哀乐……发而皆中节。"靠
的就是这个。《韩非子·解老》说："礼者，外饰之所
以谕内也。"算得"礼"字最简明确切的训诂了。

以上所引，虽不全是孔子亲说的，但孔子礼教的精
意，确是如此。孔子既已把礼的观念扩充得如此其大，自
然不是从前的仪式所能限制。所以《礼记·礼运》说：

> 礼也者，义之实也。协诸义而协，则礼虽先王
> 未之有，可以义起也。

既于仪式之外，别有抽象的礼意，那仪式的礼，倒反不必拘泥了。所以《左传》记：

> 子太叔见赵简子，简子问揖让周旋之礼焉。对曰："是仪也，非礼也。"（《昭二十五年》）

可见当时讲礼，已有弃形式取精神的倾向。孔子说"礼云礼云，玉帛云乎哉？"（《论语·阳货》）最可以表现这种精神。子太叔引子产的话，说礼是天之经、地之义、民之行，"礼"字的意义，已经不是"履也"所能包举了。到《礼记·乐记》，更说：

> 礼也者，理之不可易者也。

这算是礼的最广义了。孔子答颜渊，说："克己复礼为仁。"这个"礼"字，应从最广义解。

孔门重礼教的缘故，除了以上所述外，还有一个重大的理由，是拿习礼当作一种体育。《礼记·礼运》说：

> 礼……所以讲信修睦而固人之肌肤之会、筋骸之束也。

这话怎么讲呢？孔子说：

> 庄敬日强，安肆日偷，君子不以一日使其躬儳焉如不终日。（《礼记·表记》）

孔子以为人若常常把精神提起，体魄自然强壮，若散散漫漫过日子，便养成偷惰的习惯，整个人变成暮气了。习礼以庄敬为主，最能抖擞精神，所以说"固肌肤之会、筋骸之束"。"仲弓问仁"，孔子告以"出门如见大宾，使民如承大祭"，又告子张说"无众寡，无小大，无敢慢"，都是这个意思。对什么人对什么事，都无敢慢，是修养身心最好的方法。这就叫做"约之以礼"。（约是约束之意）

孔子既已认礼是一种体育，所以常常要习它。但习的到底是哪几种礼呢？《中庸》说"礼仪三百威仪三千"，这些都是些什么，如今没有考据。但就现存的《礼经》十七篇而论，天子诸侯朝聘燕享那部分，当然是不习的；丧礼那部分，当然是不习的；冠昏祭那几部分，怕也不好习。然则孔门习的是什么？我想最通行的就是乡饮酒礼和射礼。《史记·孔子世家》说汉时的儒生还常常习礼乡饮大射于孔子冢。《礼记·射义》记"孔子射于矍相之圃，盖观者如堵墙"。大概这两种礼是孔门当习的。两种都是团体运动，射礼分耦还含有团体竞争意味。孔子说："君子无所争，必也射乎？"我想孔子生在今日，定然是打球大家。那时若有学校联合运动会，那些阙党童子军怕总要夺标哩。

天①

"天"之一字，见于《书经》《诗经》中者颇多，如果一一细加考察，觉得孔子以前的人对于天的观念，与孔子以后的人对于天的观念不同。古代的"天"，纯为"有意识的人格神"，直接监督一切政治，如《商书·汤誓》："非台小子，敢行称乱，有夏多罪，天命殛之。"《盘庚》："先王有服，恪谨天命""予迓续乃命于天"。《高宗肜日》："唯天监下民，典厥义，降年有永有不永，非天夭民，民中绝命。"《西伯戡黎》："天既讫我殷命。……故天弃我，不有康食。不虞天性，不迪率典。"《微子》："天毒降灾荒殷邦。"这几处，都讲天是超越的，另为主宰，有知觉情感与人同，但是只有一个。大致愈古这种观念愈发达，稍近则渐变为抽象的。

《夏书》几篇，大致不能信为很古。其中讲天的，譬如《尧典》："乃命羲和，钦若昊天……敬授民

---

① 本文节选自梁启超《儒家哲学》。

时。""钦哉唯时亮天功。"《皋陶谟》："天工人其
代之？天叙有典，敕我五典五惇哉。天秩有礼，自我五
礼有庸哉。……天命有德，五服五章哉。天讨有罪，五
刑五用哉。"《益稷》："唯动丕应，徯志以昭受上
帝，天其申命用休。"假使这几篇是唐虞时代所作，则
那时对于天的观念，与孔子很接近了。我们认为周代作
品在孔子之前不多，可以与孔子衔接。其中的话虽然比
较抽象，但仍认为有主宰，能视听言动，与基督教所谓
上帝相同。

　　周初见于《书经》的，有《康诰》："以修我西
土。唯时怙冒，闻于上帝，帝休，天乃大命文王，殪戎
殷。"《酒诰》："唯天降命，肇我民。"《梓材》：
"皇天既付中国民，越厥疆土于先王。"《洛诰》：
"王如弗敢及天，基命定命……公不敢不敬天之休。"
《君奭》："在昔上帝，割申劝宁王之德，其集大命于
厥功。……乃唯时昭文王，迪见冒闻于上帝，唯时受
有殷命哉。"见于《诗经》的有《节南山》："昊天
不佣，降此鞠讻。""昊天不惠，降此大戾。"《小
明》："明明上天，照临下土。"《文王》："上天之
载，无声无臭。仪刑文王，万邦作孚。""文王在上，
於昭于天。"《维天之命》："维天之命，于穆不已。
于乎丕显，文王之德之纯。"这个时代的天道观念，已
经很抽象，不像基督教所谓全知全能的上帝了。天命是

有的，不过不具体而已。把天叙、天秩、天命、天讨那种超自然观念，变为于穆不已、无声无臭的自然法则，在周初已经成熟，至孔子而大进步，离开了拟人的观念，而为自然的观念。

孔子少有说天。子贡说："夫子之言性与天道，不可得而闻也。"但是孔子曾经讲过这个话："天何言哉？四时行焉，百物生焉，天何言哉？"这是把天认为自然界一种运动流行，并不是超人以外，另有主宰。不唯如此，《易经》的《彖》《象》也有。乾卦《彖》说："大哉乾元，万物资始，乃统天。"《象》曰："天行健，君子以自强不息。"乾元，是行健自强的体，这个东西可以统天，天在其下。《文言》传是否孔子所作，虽说尚有疑问，但不失为孔门重要的著作。乾卦的《文言》说："……先天而天弗违，后天而奉天时……而况于人乎？况于鬼神乎？"能自强不息，便可以统天，可见得孔子时代对于天的观念，已不认为超绝万物。按照《易经》的解释，不过是自然界的运动流行，人可以主宰自然界。

这种观念，后来儒家发挥得最透彻的要算荀子。《荀子·天论》说："天行有常，不为尧存，不为桀亡。"天按照一定的自然法则运行，没有知觉感情，我们人对于天的态度应当拿作万物之一，设法制它，所以《天论》篇又说："大天而思之，孰与物畜而制之？从天而颂之，孰与制天命而用之？"荀子认天不是另有主宰，不过一种自然现象，而且人能左右它。这些话，是从"乾元统天""先天而天弗违"推衍出来的，但是更说得透彻些。儒家对于天的正统思想，本来如此。中间有墨子一派，比儒家后起，而与儒家相对抗，对于天道，另外是一种主张。

《墨子》的《天志》篇主张天有意志知觉，能观察人的行为，是万物的主宰。当时儒家的话一部分太玄妙，对于一般人的刺激不如墨家之深，所以墨家旧观念大大地发挥，在社会上很有势力。此外还有阴阳家，为儒家的别派，深感觉自然界力量的伟大，人类无如之何。他们专讲阴阳五行，终始五德之运，在社会上亦有相当的势力，虽不如墨家之大，亦能左右人心。此两种思想，后来互相结合，在社会上根深蒂固，一般学者很受影响。汉代大儒董仲舒，他就是受影响极深的一个人。《春秋繁露》中以天名篇的，有《天容》《天辨》《循天之道》《天地之行》《如天之为》《天地阴阳》《天道施》等共多处。《为人者天》第四十一说："为生不能为人，为人者天也。人之人，本于天。天亦人之曾祖父也。此人之所以乃上类天也。人之形体，化天数而成。人之血气，化天志而仁。人之德行，化天理而义。人之好恶，化天之暖清。人之喜怒，化天之寒暑。人之受命，化天之四时。人生有喜怒哀乐之答，春秋冬夏之类也。"这种主张，说人是本于天而生，与《旧约·创世记》所称上帝于七天之中造就万物，最后一天造人一样。推就其来源，确是受墨家的影响。董子是西汉时代的学者，他的学说影响到全部分，全部分的思想亦影响到他。可见汉人的天道观念退化到周秦以上。董子讲天人之道，《对贤良策》说："……春秋之中，视前世已行之事，以观天人相与之际，甚可畏也。"又讲五行灾异，《汉书·本传》称："……以春秋灾异之变，推阴阳所以错行，故求雨闭诸阳纵诸阴，其止雨，反是。"汉儒讲灾异的人很多，朝野上下，都异常重视，固不仅仲舒为然。刘向是鲁派正宗，亦讲五行灾异。《洪范五行传》差不多全部都是。董子《天人三策》，句句像墨家的话。《春秋繁露》所讲更多。其他汉儒大半如此。孔子讲天道，即自然界，是一个抽象的东西；董子讲天道，有主宰，一切都由他命令出来。《天人三策》说："道之大原出于天，天不变，道亦不变。"这种说法同基督教所谓上帝一样了。

真正的儒家，不是董子这种说法。儒家讲"人能弘道，非道弘人"。此类主张，就是乾元统天，先天而天弗违的思想。道之大原出于天，那另外是一种思想。汉人很失掉儒家的本意，宋代以后渐渐恢复到原样，唯太支离玄妙一些。如濂溪的太极图说、横渠的气一元论、明道的乾元一气论、伊川的天地化育论、晦翁的理气二元论，大概以天为自然法则，与孔子的见解尚不十分悖谬。明代王阳明所讲更为机械，先讲心物一元，天不过物中之一；一切万物，皆由心造，各种自然法则，全由心出，可谓纯粹的唯心论。阳明对天的观念恢复到荀子、孔子，他说："天没有我的灵明，谁去仰他高？地没有我的灵明，谁去俯他深？"这无异说是没有我就没有天，天地存在，依我而存在。王学末流，扩充得更厉害。王心斋说："天我亦不做他，地我亦不做他，圣人我亦不做他。"把自我看得清洁，一切事物都没有到我的观念下面。宋元明对于儒家的观念，大概是恢复到孔门思想，比较上，宋儒稍为支离，明儒稍为简切。几千年来，对于天的主张和学说，大概如此。

命①

　　"命"之一字，最早见于《书经》的，有《高宗肜曰》："降年有永有不永，非天夭民，民中绝命。"《西伯戡黎》："天既讫我殷命。……王曰：呜呼！我生不有命在天。"《召诰》："天既遐终大邦殷之命，兹殷多先哲王在天。""若生子，罔不在厥初生，自贻哲命。……王其德之用，祈天永命。"《洛诰》："王如弗敢及天，基命定命。"见于《诗经》的有《文王》："周虽旧邦，其命维新。有周不显，帝命不时。"《荡》："疾威上帝，其命多辟。天生烝民，其命匪谌。"《维天之命》："维天之命，于穆不已。"《思文》："贻我来牟，帝命率育。"《敬之》："敬之敬之，天维显思，命不易哉。"其他散见于各处的还很多，大致都说天有命，人民国家亦都有命。因古代人信天，自然不能不联带地信命了。

　　孔子很少说命。门弟子尝说："子罕言利与命。"

---

① 本文节选自梁启超《儒家哲学》。

不过《论语》中亦有几处，如"五十而知天命""不知命，无以为君子也"。命是儒家主要观念，不易知，但又不可不知。墨子在在与儒家立于反对的地位，所以非命。依我们看来，儒家不信天，应亦不信命；墨家讲天志，应亦讲命定，可是结果适得其反，这是一件很有趣的事情。孔子既然不多讲命，要五十然后能知，那么他心目中所谓的命是怎样一种东西，没有法子了解。不过他曾说："道之将行也欤，命也。道之将废也欤，命也。"这样看来，人仿佛要受命的支配，命一定了，无如之何。孔子以后，《易·象辞》讲："乾道变化各正性命。"《说卦》讲："穷理尽性，以至于命。"《中庸》讲："君子居易以俟命。"《孟子》尤其讲得多："莫非命也，顺受其正。""夭寿不贰，修身以俟之，所以立命也。""知命者，不立乎岩墙之下。"历来儒家都主张俟命，即站在合理的地位，等命来，却不是白白地坐着等，要修身以俟之，最后是立命，即造出新命来。俟命是静的，立命便是动的了。

《孟子》有一章书，向来难解："孟子曰，口之于味也，目之于色也，耳之于声也，鼻之于臭也，四肢之于安佚也，性也。有命焉，君子不谓性也。仁之于父子也，义之于君臣也，礼之于宾主也，智之于贤者也，圣人之于天道也，命也。有性焉，君子不谓命也。"这段话各家的解法不同，最后戴东原出，把"不谓"作为

"不借口"讲。他说："君子不藉口于性以遑其欲，不藉口于命之限之而不尽其材。"《孟子》这章书，头一段的意思，是一个人想吃好的，看好的，听好的，这是性，不过有分际，没有力做不到，只好听天安命，并不是非吃大菜，非坐汽车不可。肉体的欲望，人世的虚荣，谁都愿意，但切不要借口于性，以纵其欲。第二段的意思，是说有些人生而有父母，有些人生而无父母；从前有君臣，现在无君臣；颜子闻一知十，子贡闻一知二；我们闻二才知一，或闻十才知一，这都是命，天生来就如此。不过有性，人应该求知识，向上进，不可借口聪明才力不如人，就不往前做。这两段话，很可以解释儒家使命立命之说。

命是儒家的重要观念，这个观念不大好，墨家很非难之。假使命由前定，人类就无向上心了。八字生来如此，又何必往前努力？这个话，于人类进步上很有妨害，并且使为恶的人有所假托。吾人生来如此，行为受命运的支配，很可以不负责任。儒家言命的毛病在此，墨家所以非之亦在此。一个人虽尽管不信命，但是遗传及环境无论如何摆脱不开，譬如许多同学中，有的身体强，有的身体弱，生来便是如此；身体弱的人，虽不一概放下，仍然讲求卫生，但是只能稍好一点，旁人生来身体好的，没有法子赶上。

荀子讲命，又是一种解释，他说："节遇谓之命。"他虽然不多言命，但是讲得很好。偶然碰上，就叫节遇，就叫命。遗传是节遇，环境亦是节遇。生来身体弱不如旁人，无论如何没有法子改变。庄子讲命很有点像儒家，他说："知其不可奈何，而安之若命。"天下无可奈何的事情很多，身体是一种，教育也是一种。许多人同我们一般年龄，因为没有钱念书，早晚在街上拉洋车，又有什么法子呢？儒家看遗传及环境很能支配人，但是没有办法，只好逆来顺受，听天安命。身体不好，天天骂老太爷老太太，无用；没有钱念书，天天骂社会骂国家，亦没有用。坏遗传环境，亦只好安之。人们受遗传及环境的支配，无可如何的事情很多。好有好的无可如何，坏有坏的无可如何；贫有贫的无可如何，富有富的无可如何。自己贫，不要羡慕人家富；自己坏，不要羡慕人家好。定命说虽有许多毛病，安命说却有很大的价值。个人的修养，社会的发达，国家的安宁，都有密切关系。若是大家不安命，对于已得限制绝对不安，自己固然不舒服，而社会亦日趋纷乱。

　　安命这种思想，儒家很看重。不仅如此，儒家还讲立命，自己创造出新命来。孟子讲："夭寿不贰，修身以俟之，所以立命也。"这是说要死只得死，阎王要你三更死，谁肯留人到五更？但不去寻死。知命者，不立乎岩墙之下。身体有病，就去就医，自己又讲卫生，好一分，算一分，不求重病，更不求速死。小之一人一家如此，大之国家社会亦复如此。譬如万一彗星要与地球相碰，任你有多少英雄豪杰，亦只得坐而待毙。但是如果可以想法避去，还是要想法子，做一分算一分，做不到没法子，只好安之，不把努力工作停了。孔子所谓"知其不可而为之"，就是这个意思。孔子知命，所以很快乐。"发愤忘食，乐以忘忧，不知老之将至云耳。"一面要安命，君子不怨天，不尤人；一面要立命，知其不可为而为之，这是吾人处世应当取的态度。普通讲征服自然，其实并没有征服多少。日本自明治维新以后，几十年的经营努力，所造成的光华灿烂的东京，前年地震，几分钟的工夫，便给毁掉了。所谓文明，所谓征服，又在哪里？不过人的力量虽小，终不能不工作。地震没有法子止住，然有法可以预防，防一分算一分。儒家言命的真谛就是如此。

宋儒明儒都很虚无缥缈，说话不落实际，可以略去不讲。清代学者言命的人颇多，只有两家最说得好。一个是戴东原。《孟子字义疏证》卷中解释"口之于味也……"一段说："……'谓'犹云'借口于性'耳，君子不借口于性以逞其欲，不借口于命之限之而不尽其材。'不谓性'，非不谓之性；'不谓命'，非不谓之命。"这几句话把安命、立命的道理说得异常透彻，而且异常恰当。一个是李穆堂。《穆堂初稿》卷十之八说："是故有定之命，则居易以俟之，所以息怨尤；无定之命，则修身以立之，所以扶人极也。"这是讲安命说、立命说的功用。又说："有定之命有四：曰天下之命，曰一国之命，曰一家之命，曰一身之命。……无定之命亦有四……"这是讲小至一身一家，大至国家天下，其理都是一样。数千年来言命，孟荀得其精粹，戴李集其大成，此外无可说，此后亦无可说了。

性①

"性"字在孔子以前，乃至孔子本身，都讲得很少。孔子以前的，在《书经》上除伪古文讲得很多可以不管外，真的只有两处。《西伯戡黎》有"不虞天性，不迪率典"。《召诰》有"节性，惟日其迈"。"不虞天性"的"虞"字，郑康成释为"审度"。说纣王不审度天性，即不节制天性之谓。我们看"节性，惟日其迈"，意思就很清楚。依郑氏的说法，虞字当作节字解，那么《书经》上所说的性，都不是一个好东西，应当节制它才不会生出乱子来。

《诗经·卷阿》"岂弟君子，俾尔弥尔性"，语凡三见。朱《诗集传》根据郑《笺》说："弥，终也；性，犹命也。"然则性即生命，可以勉强作为性善解。其实"性"字，造字的本意原来如此，性即"生"加"忄"，表示生命的心理。照这样讲，《诗经》所说性字，绝对不含好坏的意思。《书经》所说"性"字，亦

---

① 本文节选自梁启超《儒家哲学》。

属中性，比较偏恶一点。

孔子以前对于性字的观念如此，至于孔子本身亦讲得很少。子贡尝说："夫子之言性与天道，不可得而闻也。"《论语》算是可靠了，里面有很简的两句："性相近也，习相远也。"下面紧跟着是："惟上知与下愚不移。"分开来讲，各皆成理，可以说得通。补上去讲，就是说中人之性，可以往上往下，上知下愚生出来便固定的，亦可以说得通。贾谊《陈政事疏》引孔子语，"少成若天性，习惯如自然"。这两句话好像性相近习相远的注脚。贾谊用汉人语，翻译出来的，意味稍为不同一点。

假使《周易》的《系辞》《文言》是孔子作，里面讲性的地方倒很多。《乾象传》说："乾道变化，各正性命。"《乾卦·文言传》说："乾元者，始而亨者也。利贞者，性情也。"《系辞上传》说："一阴一阳之谓道，继之者善也，成之者性也。"又说："成性存存，道义之门。"《说卦传》说："和顺于道德而理于义，穷理尽性以至于命。"诸如此类很多，但是《系辞》里边互相冲突的地方亦不少。第三句与第四句冲突，第四句与第五句亦不一样，我们只能用作参考。假使拿他们当根据，反把性相近习相远的本义弄不清楚了。

子贡说"性与天道，不可得而闻"，可见得孔子乃至孔子以前，谈性的很少。以后为什么特别重要了呢？

因为性的问题，偏于教育方面。为什么要教育？为的是人性可以受教育；如何实施教育？以人性善恶作标准。无论教人或教自己，非先把人性问题解决，教育问题没有法子进行。一个人意志自由的有无，以及为善为恶的责任，是否自己担负，都与性有关系。性的问题解决，旁的就好办了。孔子教人以身作则，门弟子把他当作模范人格，一言一动都依他的榜样。但是孔子死后，没有人及得他的伟大教育的规范，不能不在性字方面下手。性的问题因此发生。我看发生的时候，一定去孔子之死不久。

王充《论衡》的《本性》篇说："……周人世硕以为人性有善有恶。举人之善性，养而致之则善长；性恶，养而致之则恶长。如此，则性各有阴阳，善恶在所养焉。故世子作《养书》一篇。宓子贱、漆雕开、公孙尼子之徒，亦论情性，与世子相出入，皆言性有善恶。"世子，王充以为周人，《汉书·艺文志》以为孔子再传弟子。主张性有善恶，有阴阳，要去养它，所以作《养书》。可惜现在没有了。宓子贱、漆雕开、公孙尼子俱仲尼弟子，其著作具载于《汉书·艺文志》，王充曾看见过。

宓子贱、漆雕开以后，释性的著作有《中庸》。《中庸》这篇东西，究竟在孟子之前，还是在孟子之后，尚未十分决定。崔东壁认为出在孟子之后，而向来学者都认为子思所作。子思是孔子之孙，曾子弟子，属于七十子后学者。如《中庸》真为子思所作，应在宓、漆之后，孟子之前。而性善一说，《中庸》实开其端。《中庸》起首几句，便说："天命之谓性，率性之谓道，修道之谓教。"率性，另有旁的解法。若专从字面看，朱子释为：率，循也。率与节不同，节讲抑制，含有性恶的意味。率讲顺从，含有性善的意味。又说："惟天下至诚，为能尽其性；能尽其性，则能尽人之性；能尽人之性，则能尽物之性；能尽物之性，则可以赞天地之化育；可以赞天地之化育，则可以与天地参矣。"这段话，可以作"率性之谓道"的解释。"率性"，为孟子性善说的导端。"尽性"，成为孟子扩充说的根据。就是依照我们本来的性，放大之，充满之。《中庸》思想很有点同孟子相近。《荀子·非十二子》，把子思、孟子一块骂，说道："略法先王，而不知其统。犹然而材剧志大，闻见杂博。……子思唱之，孟轲和之，世俗之沟犹瞀儒，嚾嚾然不知其所非也。"这个话，不为无因。孟子学说，肇端于《中庸》地方总不会少。

看《中庸》的主张，颇有趋于性善说的倾向；看《系辞》《说卦》说"一阴一阳之谓道，继之者善也，成之者性也"，"穷理尽性，以至于命"，亦是近于性善说的话。如《系辞》为七十子后学者所作，至少当为子思一派。或者子思的学说，与孟子确有很大的影响。《系辞》《文言》非孔子所作，因为里面称"子曰"的地方很多，前回已经说过了。《彖辞》《象辞》，先儒以为孔子所作，更无异论。其中所谓"乾道变化，各正性命"，与《系辞》中所讲性，很有点不同，不过生之谓性的意思。此外《彖辞》《象辞》不知道还有论性的地方没有，应该聚起来，细细加以研究。

大概孔子死后，弟子及再传弟子，俱讨论性的问题。主张有善有恶，在于所养，拿来解释孔子的"性相近，习相远"两句话。自孔子以后，至孟子以前，儒家的见解都是如此。到孟子时代，性的问题，愈见重要。与孟子同时，比较稍早一点的有告子。《告子》上、下篇，记告、孟辩论的话很多。告子生在孟前，孟子书中有"告子先我不动心"的话。墨子书中，亦有告子。不知只是一人抑是二人。勉强凑合，可以说上见墨子，下见孟子。

这种考据的话，暂且不讲。单讲告子论性，主张颇与宓子贱及世子相同。告子说："生之谓性。"造字的本义，性就是人所以生者。既承认生之谓性，那么，善恶都说不上，不过人所以生而已。又说："食色性也。"这个性完全讲人，专从血气身体上看性，更没有多少玄妙的地方。赤裸裸的，一点不带色彩。他的结论是："性无善无不善也。"由告子看来，性完全属于中性，这是一说。

同时公都子所问还有两说。或曰："性可以为善，可以为不善。"或曰："有性善，有性不善。"第一说同告子之说，可以会通。因为性无善无不善，所以性可以为善，可以为不善。再切实一点讲，因为性有善有不善，所以可以为善，可以为不善。第二说，有性善有性不善，与性有善有不善不同。前者为人的差异，后者为同在一人身中，部分的差异。所以说"文武兴则民好善，幽厉兴则民好暴"。只要有人领着群众往善方面走，全社会都跟着往善走。又说"以尧为君而有象，以瞽瞍为父而有舜"。瞽瞍的性恶不碍于舜的性善。这三说都可以谓之离孔子原意最近。拿去解释性相近习相远的话，都可以说得通。

孔子所说的话极概括，极含混。后来偏到两极端，是孟子与荀子。孟子极力主张性善。公都子说他"今曰性善，然则彼皆非欤"。孟子所主的性善，乃是说："君子所性，仁、义、礼、智根于心。"这句话如何解释呢？《公孙丑上》篇说："恻隐之心，仁之端也；羞恶之心，义之端也；辞让之心，礼之端也；是非之心，智之端也。人之有是四端也，犹其有四体也。"这几种心都是随着有生以后来的。《告子上》篇又说："口之于味也，有同耆焉；耳之于声也，有同听焉；目之于色也，有同美焉。至于心，独无所同然乎？心之所同然者何也？谓理也，义也。圣人先得我心之所同然耳。故理义之悦我心，犹刍豢之悦我口。"这类话讲得很多。他说仁义礼智，或说性是随着有生就来的。人的善性，本来就有，好像口之于美味，目之于美色一样，尧舜与吾同耳。

人性本善，然则恶是如何来的呢？孟子说是习惯，是人为，不是原来面目。凡儒家总有解释孔子的话，"心之所同然""圣人与我同类"。这是善，是性相近；为什么有恶，是习相远。《告子上》又说："牛山之木尝美矣，以其郊于大国也，斧斤伐之，可以为美乎？是其日夜之所息，雨露之所润，非无萌蘖之生焉，牛羊又从而牧之，是以若彼濯濯也。人见其濯濯也，以为未尝有材焉，此岂山之性也哉？虽存乎人者，岂无仁义之心哉？其所以放其良心者，亦犹斧斤之于木也，旦旦而伐之，可以为美乎？其日夜之所息，平旦之气，其好恶与人相近也者几希，则其旦昼之所为，有梏亡之矣。梏之反覆则其夜气不足以存，夜气不足以存，则其违禽兽不远矣。人见其禽兽也，而以为未尝有才焉者，是岂人之情也哉？"这是用树林譬喻到人。树林所以濯濯，因为斩伐过甚；人所以恶，因为失其本性。所以说"若夫为不善，非才之罪也"。人性，本是善的；失去本性，为习染所误，才会作恶。好像水本是清的，流入许多泥沙，这才逐渐转浊。水把泥沙淘净，便清了；人把坏习惯去掉，便好了。自己修养的功夫以此为极点，教育旁人的方法，亦以此为极点。

　　孟子本身对于性字，没有简单的定义。从全部看来，绝对主张性善。性善的本原只在人身上，有仁义礼智四端，而且四端亦就是四本。《公孙丑上》讲："无恻隐之心，非人也；无羞恶之心，非人也；无辞让之心，非人也；无是非之心，非人也。"说明人皆有恻隐之心。以乍见孺子将入于井为例，下面说，"非所以内交于孺子之父母也，非所以要誉于乡党朋友也，非恶其声而然也"。赤裸裸的只是恻隐，不杂一点私见。这个例确是引得好，令我们不能不承认，恻隐之心，人皆有之。可惜羞恶之心、恭敬之心、是非之心，就没有举出例来。我们觉得有些地方，即如辞让之心，便很难解答。若能起孟子而问之，倒是一件很有趣的事情。孟子专看见善的方面，没有看见恶的方面，似乎不大圆满。荀子主张与之相反。要说争夺之心，人皆有之，倒还对些。那时的人如此，现在的人亦然。后来王充《本性》篇所引如商纣、羊舌食我一般人，仿佛生来就是恶的，不能不承认他们有一部分的理由。孟子主张无论什么人，生来都是善的；要靠这种绝对的性善论作后盾，才树得起这派普遍广大的教育原理。不过单作为教育手段，那是对的。离开教育方面，旁的地方，有的说不通，无论何人亦不能为他作辩护。

　　因为孟子太高调，太极端，引起反动，所以有荀子出来主张性恶。《性恶》篇起头一句便说："人之性恶，其善者伪也。"要是不通训诂，这两句话很有点骇人听闻。后人攻击他，就因为这两句。荀子比孟子晚百多年，学风变得很利害。讲性不能笼统地发议论，要根据论理学，先把名词的定义弄清楚。在这个定义的范围内，再讨论其性质若何。"性恶"是荀子的结论。为什么得这个结论，必先分析"性"是什么东西，再分析"伪"是什么东西；"性""伪"都弄明白了，自然结论也就明白了。什么是性？《正名》篇说："生之所以然者谓之性。"与告子"生之谓性"含义正同。底下一句说："性之和所生，精合感应，不事而自然谓之性。"便是说自然而然如此，一点不加人力。性之外，还讲情。紧跟着说："性之好恶喜怒哀乐谓之情。"这是说情是性发动出来的，不是另外一个东西，即性中所含的喜怒哀乐，往外发泄出来的一种表现。什么是伪？下面又说："情然而心为之择，谓之虑；心虑而能为之动，谓之伪。""能"字荀子用作态字，由思想表现到耳目手足。紧跟着说："虑积焉能习焉而后成，谓之伪。"这几段话，简单地说，就是天生之谓性，人为之谓伪。天生本质是恶的，人为陶冶，逐渐变善。所以他的结论是："人之性恶，其善者伪也。"

荀子对于性解释的方法与孟子相同，唯意义正相反。《性恶》篇说："今人之性，生而有好利焉，顺是，故争夺生而辞让亡焉；生而有疾恶焉，顺是，故残贼生而忠信亡焉；生而有耳目之欲，有好声色焉，顺是，故淫乱生而礼义文理亡焉。然则从人之性，顺人之情，必出于争夺，合于犯分乱理而归于暴。故必将有师法之化，礼义之道，然后出于辞让，合于文理，而归于治。用此观之，然则人之性恶明矣，其善者伪也。故枸木必将待檃栝烝矫然后直，钝金必将待砻厉然后利，今人之性恶必将待师法然后正，得礼义然后治。"这段话是说顺着人的本性，只有争夺、残贼、淫乱，应当用师法礼义去矫正它。犹之乎以树木作器具，要经过一番人力一样。《性恶》篇还有两句说："不可学不可事而在天者，谓之性；可学而能，可事而成之在人者，谓之伪。是性伪之分也。"这两句话，说得好极了。性、伪所以不同之点，讲得清清楚楚。《礼论》篇还有两句说："性者，本始材朴也；伪者，文理隆盛也。无性则伪之无所加，无伪则性不能自美。"这是说专靠原来的样子，一定是恶的，要经过人为，才变得好。

荀子为什么主张性恶？亦是拿来作教育的手段。孟子讲教育之可能，荀子讲教育之必要。对于人性若不施以教育，听其自由，一定堕落。好像枸木钝金，若不施以蒸矫砻厉，一定变坏。因为提倡教育之必要，所以主张性恶说。一方面如孟子的极端性善论，我们不能认为真理；一方面如荀子的极端性恶论，我们亦不完全满意。不过他们二人，都从教育方面着眼，或主性善，或主性恶，都是拿来作教育的手段，所以都是对的。孟子以水为喻，荀子以矿为喻。采得一种矿苗，如果不淘、不炼、不铸，断不能成为美的金器。要认性是善的，不须教育，好像认矿是纯粹的，不须锻炼。这个话，一定说不通。对于矿要加工夫，对于人亦要加工夫。非但加工夫，而且要常常加工夫。这种主张，在教育上有极大的价值。但是离开教育，专门讲性，不见得全是真理。我们开矿的时候，本来是金矿，才可以得金，本来是锡矿，绝对不能成金。

孟荀以前，论性的意义，大概包括情性并讲，把情认为性的一部分。孟子主性善。《告子上》论情说："乃若其情，则可以为善矣，乃所谓善也。"性善所包括的情亦善。荀子主性恶。《正名》篇论情说："不事而自然谓之性，性之好恶喜怒哀乐谓之情。"性恶所包括的情亦恶。笼统地兼言性情，把情作为性的附属品，汉以前学者如此。

至汉，学者主张分析较为精密。一面讲性的善恶，一面讲情的善恶。头一个是董仲舒，最先提出情性问题。《春秋繁露·深察名号》说："……天地之所生，谓之性情。性情相与，为一瞑，情亦性也。谓性已善，奈其情何？故圣人莫谓性善，累其名也。身之有性情也，若天之有阴阳也。言人之质而无其情，犹言天之阳而无其阴也。"董子于性以外，专提情讲。虽未把情撇在性外，然渐定性情对立的趋势。王充《论衡·本性》说："董仲舒览孙孟之书，作情性之说曰：'天之大经，一阴一阳；人之大经，一情一性。性生于阳，情生于阴。阴气鄙，阳气仁。曰性善者，是见其阳也；谓恶者，是见其阴者也。'"人有性同情，与天地的阴阳相配，颇近于玄学的色彩。而谓情是不好的东西，这几句话，《春秋繁露》上没有，想系节其大意。董子虽以阴阳对举，而阳可包阴；好像易以乾坤对举，而乾可包坤一样。《春秋繁露》的话，情不离性而独立。《论衡》加以解释，便截然离为二事了。大概董子论性有善有恶。《深察名号》篇说："人之诚，有贪有仁。仁贪之气，两在于身。"这个话，比较近于真相。孟子见仁而不见贪，谓之善。荀子见贪不见仁，谓之恶。董子调和两说谓："仁贪之气，两在于身。"所以有善有恶。王充批评董子，说他"览孙孟之书，作性情之说"。这个话有语病。他并不是祖述哪一个的学说，不过他的结论，与荀子大致相同。《深察名号》篇说："天生民性，有善质而未能善。""今万民之性，待外教然后能善。"《实性》篇又说："名性者，中民之性。中民之性，如茧如卵。卵待覆二十日而后能为雏，茧待缲以涫汤而后能为丝，性待渐于教训而后能为善。善，教训之所然也。"孟子主张性无有不善，他不赞成。荀子主张人之性恶，他亦不赞成。但是他的结论，偏于荀子方面居多。董子虽主情包括于性中，说"情亦性也"，但情性二者，几乎立于对等的地位。后来情性分阴阳，阴阳分善恶，逐渐变为善恶二元论了。汉朝一代的学者，大概都如此主张。《白虎通》乃东汉聚集许多学者讨论经典问题，将其结果编撰而成之书，其中许多话，可以代表当时大部分人的思想。《白虎通·性情》说："性情者，何谓也？性者阳之施，情者阴之化也。人禀阴阳气而生，故内怀五性六情。情者静也，性者生也。此人所禀六气以生者也。故《钩命决》曰：'情生于阴，欲以时念也。性生于阳，以就理也。阳气者仁，阴气者贪。故情有利欲，性有仁也。'"这些话，祖述董仲舒之说，董未划分，《白虎通》已分为二。王充时，已全部对立了。许慎《说文》说："性，人之阳气性善者也。""情，人之阴气有欲者。"此书成于东汉中叶，以阴阳分配性情。性是善的，情是恶的。此种见地，在当时已成定论。王充罗列各家学说，归纳到情性二元，善恶对立，为论性者树立一种新见解。

情性分家，东汉如此，到了三国讨论得更为热烈。前回讲儒学变迁，说钟会作《四本论》，讨论才性同、才性异、才性合、才性离的问题。才大概即所谓情。孟子说："乃若其情，则可以为善矣，乃所谓善也。若夫为不善，非才之罪也。"情才有密切关系，情指喜怒哀乐，才指耳目心思，都是人的器官。《四本论》这部书，可惜丧失了。内中所说的才是否即情，尚是问题。亦许才即是情。董尚以为附属，东汉时，已对立。三国时，更有同异离合之辩。后来程、朱、颜、戴所讲，亦许他们早说过了。大家对于情的观念，认为才是好东西。这种思想的发生，与道家有关系，与佛教亦有关系。何晏著《圣人无喜怒哀乐论》主张把情去干净了，便可以成圣人，这完全受汉儒以阴阳善恶分性情的影响。

到唐朝，韩昌黎出，又重新恢复到董仲舒原性说："性也者，与生俱生者也；情也者，接于物而生也。性之品有三，而其所以为性者五。情之品有三，而其所以为情者七。……性之品有上中下三……其所以为性者五：曰仁，曰义，曰礼，曰信，曰智……性之于情视其品。情之品有上中下三，其所以为情者七：曰喜，曰怒，曰哀，曰惧，曰爱，曰恶，曰欲。……情之于性视其品。"这是性有善中恶的区别，情亦有善中恶的区别。韩愈的意思，亦想调和孟荀，能直接追到董仲舒，只是发挥未透，在学界上地位不高。他的学生李翱就比他说得透彻多了。李翱这个人，与其谓之为儒家，毋宁谓之为佛徒。他用佛教教义，拿来解释儒书，并且明目张胆地把情划在性之外，认情是绝对恶的。《复性书》上说："人之所以为圣人者，性也。人之所以惑其性者，情也。喜怒哀惧爱恶欲七者，皆情之所为也。情既昏，性斯匿矣，非性之过也。七者循环而交来，故性不能充也。……情之动静弗息，则不能复其性。"这是说要保持本性，须得把情去掉了。若让情尽量发挥，本性便要丧失。《复性书》中紧跟着说："'……将复其性者，必有渐也。敢问其方？'曰：'弗虑弗思，情则不生，情既不生，乃为正思。正思者，无虑无思也。'"照习之的说法，完全成为圣人，要没有喜、怒、哀、惧、爱、恶、欲，真是同槁木死灰一样。他所主张的复性，是把情欲铲除干净，恢复性的本原，可谓儒家情性论的一种大革命。从前讲节性、率性、尽性，是把性的本身抑制它，顺从它，或者扩充它。没有人讲复性，复性含有光复之意。如像打倒满清，恢复汉人的天下，这就叫复。假使没有李翱这篇，一般人论性，都让情字占领了去，反为失却原样。如何恢复就是去情。习之这派话，不是孔子，不是孟子，不是荀子，不是董子，更不是汉代各家学说，完全用佛教的思想和方法，拿来解释儒家的问题。自从《复性书》起，后来许多宋儒的主张，无形之中受了此篇的暗示。所以宋儒的论性，起一种很大的变化，与从前的性论，完全不同。

宋儒论性，最初的是王荆公。他不是周、程、朱、张一派，理学家他排斥在外。荆公讲性，见于本集性情论中。他说："性情一也。七情之未发于外，而存于心者，性也；七情之发于外者，情也。性者，情之本；情者，性之用也。故性情一也。……情而当于理，则圣贤也；不当于理，则小人也。"（王国维《静庵诗文集》之《论性》篇）此说在古代中，颇有点像告子。告子讲"生之谓性""食色性也""性，可以为善，可以为不善"，与"当于理则君子，不当于理则小人"之说相同。荆公在宋儒中，最为特别，极力反对李翱一派的学说。

以下就到周濂溪、张载、程颢、程颐、朱熹，算是一个系统。他们几个人，虽然根本的主张，出自李翱，不过亦有多少变化。其始甚粗，其后甚精。自孔子至李翱，论性的人，都没有用玄学作根据。中间只有董仲舒以天的阴阳配人的性情讲，颇带玄学气味。到周、程、张、朱一派，玄学气味更浓。濂溪的话，简单而费解。《通书·诚几德章》说："诚无为，几善恶。"这是解性的话。他主张人性二元，有善有恶。《太极图说》又云："无极而太极，太极动而生阳。动极而静，静而生阴。"他以为有一个超绝的东西，无善无恶，即诚无为。动而生阴，即几善恶。几者，动之微也。动了过后，由超绝的一元，变为阴阳善恶的二元。董子所谓天，即周子所谓太极。周子这种诚无为、几善恶的话，很简单。究竟对不对，另是一个问题。我们应知道的就是，二程、张、朱，后来都走的这条路。张横渠的《正蒙·诚明》说："形而后有气质之性，善反之则天地之性存焉。故气质之性，君子有弗性者焉。"形状尚未显著以前，为天理之性。形状显著以后，成为气质之性。天理之性，是一个超绝的东西。气质之性，便有着落，有边际。李翱以前，情性对举是两个分别的东西；横渠知道割开来说不通，要把喜怒哀乐去掉，万难自圆其说。所以在性的本身分成两种，一善一恶，并且承认气质之性是恶的。比李翱又进一步了。

明道亦是个善恶二元论者。《二程全书》卷二说："论性不论气，不备；论气不论性，不明。"他所谓气，到底与孟子所谓情和才是全相合，或小有不同，应当另外研究。他所谓性，大概即董子所谓情，论情要带着气讲。又说："生之谓性，性即气，气即性。人生气禀，理有善恶，然不是性中元有此两物相对而生也，有自幼而善，有自幼而恶，是气禀有然也。善，固性也；然恶亦不可不谓之性。"他一面主张孟子的性善说——宋儒多自命为孟子之徒——一面又主张告子的性有善有恶说。生之谓性一语，即出自告子。最少他是承认人之性善恶相混，如像董仲舒、扬雄一样。后来觉得不能自圆其说了，所以发为遁词。又说："人生而静以上不容说，才说性时，便已不是性也。"这好像禅宗的派头，才一开口，即便喝住。从前儒家论性，极其平实，到明道时，变成不可捉摸，持论异常玄妙，结果生之谓性是善，不用说，有了形体以后，到底怎么样，他又不曾说清楚，弄得莫名其妙了。伊川的论调，又自不同，虽亦主张二元，但比周、张、大程都具体得多。《近思录·道体类》说："性出于天，才出于气。气清则才清，气浊则才浊。才则有善有不善，性则无不善。"这种话与横渠所谓天理之性、气质之性，立论的根据很相接近。《全书》卷十九又说："性无不善，而有不善者才也。性即是理，理则自尧舜至于途人一也。才禀于气，气有清浊，禀其清者为贤，禀其浊者为愚。"名义上说是宗法孟子，实际上同孟子不一样。孟子说："若夫为不善，非才之罪也。"主张性、情、才全是善的。伊川说："有不善者才也。"两人对于才的见解，相差多了。伊川看见绝对一元论讲不通，所以主张二元。但他同习之不一样。习之很极端，完全认定情为恶的。他则认定性全善，情有善有不善。才，即孟荀所谓性，性才并举，性即是理，理是形而上物，这是言性的一大革命。人生而近于善，在娘胎的时候，未有形式之前，为性，那是善的，一落到形而下，为才，便有善有不善。二程对于性的见解，实主性有善有不善，不过在上面，加上一顶帽子，叫做性之理。他们所谓性，与汉代以前所谓性不同，另外是一个超绝的东西。

　　朱熹的学问完全出于伊川、横渠，他论性，即由伊川、横渠的性论引申出来。《学》的上篇说："论天地之性，则专指理言；论气质之性，则以理与气杂而言之。"这完全是解释张横渠的话。《语类一》又说：

"性者，人之所得于天之理也；生者，人之所得于天之气也。"他把性同生分为两件事，与从前生之谓性的论调不一样。从大体看，晦翁与二程主张相似，一面讲天之理，一面讲天之气。单就气质看，则又微有不同。二程谓气质之性，有善有不善，属于董子一派。晦翁以为纯粹是恶的，属于荀子一派。因为天地之性是超绝的，另外是一件事，可以不讲。气质之性是恶的，所以主张变化气质。朱子与李翱差不多，朱主变化气质，李主消灭情欲。朱子与张载差不多，张分天地之性、气质之性，朱亦分天地之性、气质之性。气质是不好的，要设法变化它，以复本来之性。《大学章句》说："明德者，人之所得乎天，而虚灵不昧，以具众理而应万事者也。但为气禀所拘，人欲所蔽，则有时而昏。然其本体之明，则有未尝息者。故学者当因其所发而遂明之，以复其初也。"恢复从前的样子，这完全是李翱的话，亦即荀子的话。周、程、张、朱这派，其主张都从李翱脱胎出来，不过理论更较完善精密而已。

与朱熹同时的陆象山就不大十分讲性，《象山语录》及文集，讲性的地方很少。《朱子语录》有这样一段："问：'子静不喜人论性。'曰：'怕只是自己理会不曾分晓，怕人问难，又长大了，不肯与人商量，故一截截断。然学而不论性，不知所学何事？'"朱子以为陆子不讲这个问题，只是学问空疏。陆子以为朱子常讲这个问题，只是方法支离。不单训诂、考据，认为支离；形而上学，亦认为支离。朱陆辩《太极图说》，朱子抵死说是真的，陆子绝对指为伪的，可见九渊生平不喜谈玄。平常人说陆派谈玄，近于狂禅，这个话很冤枉。其实朱派才谈玄，才近于狂禅。性的问题，陆子以为根本上用不着讲。这种主张，固然有相当的理由，不过我们认为还有商酌的余地。如像大程子所谓"才说性时，便已不是性"，那真不必讨论。但是孟荀的性善性恶说，确有讨论的必要，在教育方面，其他方面，俱有必要。总之，宋代的人性论是程朱一派的问题，陆派不大理会，永嘉派亦不大理会。

明人论性，不如宋人热闹。阳明虽不像子静绝对不讲，但所讲并不甚多，最简单的，是他的四句之教："无善无恶心之体，有善有恶意之动，知善知恶是良知，为善去恶是格物。"据我们看，阳明这个话说得很对。从前讲性善性恶都没有定范围，所以说来说去莫衷一是。认真说，所讨论的那么多，只能以"无善无恶心之体"七字了之。程朱讲性，形而上是善，形而下是恶。阳明讲性，只是中性，无善无恶。其他才、情、气都是一样，本身没有善恶。用功的方法，在末后二句。孟荀论性很平易切实，不带玄味。程朱论性，说得玄妙超脱，令人糊涂。陆王这派，根本上不大十分讲性，所以明朝关于这个问题的论调很少，可以从略。

　　清代学者对于程朱起反动，以为人性的解释要恢复到董仲舒以前，更进一步，要恢复到孟荀以前。最大胆、最爽快地推倒程朱自立一说，要算颜习斋了。习斋以为宋儒论性，分义理、气质二种，义理之性与人无关，气质之性又全是恶，这种讲法在道理上说不通。他在《颜氏学记》中主张："不惟气质非吾性之累，而且舍气质无以存养心性。"他不唯反对程朱，而且连孟子"杞柳梧槚"之喻亦认为不对，又说："孔孟而前责之习，使人去其所本无。程朱以后责之气，使人憎其所本有。"他以为历来论性都不对，特别是程朱尤其不对。程子分性气为二，朱子主气恶，都是受佛氏六贼之说的影响。《颜氏学记》卷二说："……若谓气恶，则理亦恶；若谓理善，则气亦善。盖气即理之气，理即气之理，乌得谓理纯一善，而气质偏有恶哉？譬之目矣，眶、疱、睛，气质也，其中光明能见物者，性也。将谓光明之理专视正色，眶、疱、睛乃视邪色乎？余谓光明之理固是天命，眶、疱、睛皆是天命，更不必分何者是天命之性，何者是气质之性，只宜言天命人以目之性，光明能视即目之性善，其视之也，则情之善，其视之详略远近，则才之强弱，皆不可以恶言。盖详且远者固善，即略且近亦第善不精耳，恶于何加！惟因有邪色引动，障蔽其明，然后有淫视而恶始名焉。然其为之引动者，性之咎乎？气质之咎乎？若归咎于气质，是必无此目而后可全目之性矣，非释氏六贼之说而何！"他极力攻击李习之的话亦很多，不过没有攻击程朱的话那样明显，以为依李之说，要不发动，才算是性；依程朱之说，非挖目不可了。这种攻击法，未免过火，但是程朱末流流弊所及，最少有这种可能性。

他根本反对程朱把性分为两橛，想恢复到孟子的原样，这是他中心的主张，所有议论俱不过反复阐明此理而已。

戴东原受颜氏的影响很深，他的议论与颜氏多相吻合，最攻击宋儒的理欲二元说，以为理是条理，即存于欲中，无欲也就无由见理。他说："理者，察之而几微，必区以别之名也，是故谓之'分理'。在物之质曰'肌理'，曰'腠理'，曰'文理'，得其分，则有条而不紊，谓之'条理'。"理存于欲，宋儒离开人生渺渺茫茫地另找一个超绝的理，把人性变成超绝的东西，这是一大错误。东原所谓性，根据《乐记》几句话："人生而静，天之性也；感于物而动，性之欲也。……不能反躬，天理灭矣。"由这几句话，引申出来，以成立他的理欲一元、性气一元说。《孟子字义疏证》说："人之精爽能进于神明，岂求诸气禀之外哉？"又说："理也者，情之不爽失也。未有情不得而理得者也。"《答彭进士书》又说："情欲未动，湛然无失，是谓天性。非天性自天性，情欲自情欲，天理自天理也。"大

153

概东原论性，一部分是心理，一部分是血气。吾人做学问要把这两部分同时发展，所谓存性尽性，不外乎此。习斋、东原都替孟子作辩护，打倒程朱。习斋已经很爽快了，而东原更为完密。

中国几千年来，关于性的讨论，其前后变迁，大致如此。以前没有拿生性学、心理学作根据，不免有悬空肤泛的毛病。东原以后，多少受了心理学的影响，主张又自不同。往后再研究这个问题必定更要精密得多，变迁一定是很大的，这就在后人的努力了。

心体①

　　这个问题，孔子时代不十分讲。孔子教人，根本上就很少离开耳目手足专讲心。本来心理作用很有许多起于外界的刺激，离开耳目手足专讲心，事实上不可能。孔子教人"非礼勿视，非礼勿听，非礼勿言，非礼勿动"。视听言动还是起于五官的感觉，没有五官，又从哪里视听言动起？《论语》称颜子"其心三月不违仁"，为儒家后来讲心的起点。仁为儒家旧说，心为后起新说，心仁合一，颜子实开端绪。

　　因为《论语》有这个话，引起道家的形神论。除开体魄以外，另有所谓灵魂。而附会道家解释儒家的人，渐渐发生一种离五官专讲心的学说。《庄子·人间世》称颜子讲心斋，他说："回之家贫，唯不饮酒不茹荤者数月矣。若此则可以为斋乎？"孔子说："是祭祀之斋，非心斋也。"颜子问道："敢问心斋。"孔子说："若一志，无听之以耳，而听之以心；无听之以心，而

---

① 　本文节选自梁启超《儒家哲学》。

听之以气。听止于耳，心止于符。气也者，虚而待物者也。唯道集虚，虚者，心斋也。"这类话都是由于"其心三月不违仁"而起，离开耳目口鼻之官，专门讲心。

孔子之后，孟子之前，有《系辞》及《大学》。《系辞》究竟是否孔子作，《大学》是否在孟子前，尚是问题，现在姑且作为中间的过渡学说。《系辞》说："寂然不动，感而遂通天下之故。"《大学》说："欲修其身者，先正其心。欲正其心者，先诚其意。欲诚其意者，先致其知，致知在格物。"这还单注重动机，没有讲到心的作用。

至孟子，便大讲其心学了。孟子有一段话说："耳目之官不思，而蔽于物。物交物，则引之而已矣。心之官则思，思则得之，不思则不得也。"这几句话从心理学上看，不甚通。他离开耳目之官，专门讲心，谓耳目不好，受外界的引诱，因为耳目不能思；心是好的，能够辨别是非，因心能思。孔子没有这类的话，虽孔子亦曾说"学而不思则罔，思而不学则殆"，但非把心同耳目离开来讲，与孟子大不相同。我们觉得既然肉体的耳目不能思，难道肉体的心脏又能思吗？佛家讲六识，眼识、耳识、心识……心所以能识，还是靠有肉体的器官呀。

上面那段话，从科学眼光看是不对的。但孟子在性善说中立了一个系统，自然会有这种推论。孟子既主张性善，不能不于四肢五官以外，另求一种超然的东西，所以他说四肢五官冥顽不灵，或者是恶，或者是可善可恶，唯中间一点心，虚灵不昧，超然而善。《告子》篇说："口之于味也，有同嗜焉。耳之于声也，有同听焉。目之于色也，有同美焉。至于心，独无所同然乎？心之所同然者，何也？谓理也，义也。圣人先得我心之所同然耳。"又说："君子所性，仁义礼智根于心。"这都是在肉体的四肢五官以外，另有一种超然的善的心。人与动物不同，就在这种地方。所以他说："人之所以异于禽兽者几希，庶民去之，君子存之。"大概的意思是说，四肢五官人与动物所同，唯心灵为人所独有，所以人性是善的。何以有恶？由于物交物，则引之而已矣。

因为物交物的引诱，所以人性一天天地变恶。孟子名之为失其本心。他说："……是亦不可以已乎？此之谓失其本心"，并以牛山之木为喻，说道："虽存乎人者，岂无仁义之心哉？其所以放其良心者，亦犹斧斤之于木也，旦旦而伐之，可以为美乎？"结果，他教人用功下手的方法，就是求其放心。他说："学问之道无他，求其放心而已矣。"人类的心，本来是良的，一经放出去，就不好了，做学问的方法要把为物交物所引出的心收回来，并且时时操存它。孟子引孔子的话说："'操则存，舍则亡；出入无时，莫知其乡。'惟心之谓与？"专从心一方面拿来做学问的基础，从孟子起。

后来陆象山讲"圣贤之学，心学而已"。这个话指孟子学说是对的，谓孟本于孔亦对的。不过孔子那个时代，原始儒家不是这个样子。孟子除讲放心、操心以外，还讲养心。他说："养心莫善于寡欲。"又讲存心，他说："君子以仁存心，以礼存心。"以养、存的功夫，扩大自己人格，这是儒家得力处。《孟子》全书，讲心的地方极多，可谓心学鼻祖。陆象山解释孟子以为只是"求放心"一句话。后来宋儒大谈心学，都是宗法孟子。

荀子虽主性恶，反对孟子学说，然亦注重心学，唯两家所走的道路不同而已。《荀子》全书讲心学的有好几篇，最前《修身》篇讲治气养心之术，他说："血气刚强，则柔之以调和。知虑渐深，则一之以易良。勇胆猛戾，则辅之以道顺。齐给便利，则节之以动止。狭隘褊小，则廓之以广大。卑湿、重迟、贪利，则抗之以高志。庸众驽散，则劫之以师友。怠慢僄弃，则炤之以祸灾。愚款端悫，则合之以礼乐，通之以思索。凡治气养心之术，莫径由礼，莫要得师，莫神一好。夫是之谓治气养心之术也。"这一套完全是变化气质，校正各人的弱点，与孟子所谓将良心存养起来，再下扩大功夫不同。孟子主性善，故要"求其放心"；荀子主性恶，故要"化性起伪"。

上面所说，还不是荀子最重要的话。重要的话，在《解蔽》及《正名》两篇中。荀子的主张比孟子毛病少点。孟子把心与耳目之官分为二，荀子则把它们连合起来。《正名》篇说："然则何缘而以同异？曰：缘天官。凡同类同情者，其天官之意物也同，故比方之，疑似而通，是所以共其约名以相期也。"一个人为什么能分别客观事物，由于天与我们的五官。下面紧跟着说："形、体、色、理，以目异；声、音、清、浊、调、竽、奇声，以耳异；甘、苦、咸、淡、辛、酸、奇味，以口异；香、臭、芬、郁、腥、臊、漏庮、奇臭，以鼻异；疾、痒、凔、热、滑、铍、轻、重，以形体异；说、故、喜、怒、哀、乐、爱、恶、欲，以心异。"他把目、耳、口、鼻、形体加上心为六官，不曾把心提在外面，与佛家六根、六尘正同。但是心亦有点特别的地方："心有征知，征知则缘耳而知声可也，缘目而知形可也。"心与其他五官稍不同，除自外界得来感觉分别之外，自己能动，可以征求东西。下面一大段讲心的作用，比孟子稍为合理。孟子注重内发，对于知识不十分讲。荀子注重外范，对于知识十分注重，但是要得健全知识，又须在养心上用功夫。

　　《解蔽》篇说得更透彻，他问："人何以知道？曰：心。心何以知？曰：虚一而静。"这是讲人类就靠这虚一而静的心可以知道，可以周察一切事物。底下解释心的性质，他说："心未尝不臧也，然而有所谓虚。心未尝不两也，然而有所谓一。心未尝不动也，然而有所谓静。"这是讲心之为物，极有伸缩余地，尽管收藏，尽管复杂，尽管活动，仍无害于其虚一而静的本来面目。又精密，又周到，中国最早讲心理学的人，没有及得上他的了。下面说："人生而有知，知而有志。志也者，臧也，然而有所谓虚。不以所已臧害所将受，谓之虚。"这是讲养心的目的，要做到虚一而静，而用功的方法，在不以所已臧害所将受。紧跟着又说："心生而有知，知而有异。异也者，同时兼知之。同时兼知之，两也，然有所谓一。不以夫一害此一，谓之一。"这是讲人类的心同时发几种感想，有几种动作，但养心求一。只要不以夫一害此一，纵然一面听讲，一心以为鸿鹄将至，亦无不可。又说："心卧则梦，偷则自行，使之则谋，故心未尝不动也。然而有所谓静，不以梦剧乱知，谓之静。"这是讲心之为物，变化万端，不可端倪，但治心求静。只要能静，就是梦亦好，行亦好，谋亦好，都没有妨碍。荀子的养心治心，其目的大半为求得知识。不虚，不一，不静，便不能求得知识。孟子专重内部的修养，求其放心，操之则存，只须一点便醒；荀子专重外部的陶冶，养心治心，非下刻苦功夫不可。两家不同之点在此。然两家俱注重心体的研究，认为是做学问的主要阶级。最初儒家两大师皆讲心，后来一派的宋学，以为圣学即心学，此话确有一部分真理，我们也相当地承认它。

汉以后的儒者，对于这类问题不大讲，就讲亦不十分清楚。董仲舒《深察名号》篇说："栣众恶于内，弗使得发于外者，心也。故心之为名栣也。"董子全部学说，虽调和孟荀，实则偏于荀。他对于心的解释至少与孟子不同。六朝时徐遵明主张"本心是我师"，上面追到孟荀，下面开出陆王。可以说陆王这派的主要点，六朝时已经有了，不过董仲舒、徐遵明的主张不十分精深光大而已。

隋唐以后，禅宗大盛。禅宗有一句很有名的口号"即心是佛"，可谓对于心学发挥得透彻极了。禅宗论心，与唯识宗不同。唯识宗主张"三界唯心，万法唯识"，这类话不承认心是好的。所谓八识：（1）眼识，（2）耳识，（3）鼻识，（4）舌识，（5）身识，（6）意识，（7）末那识，（8）阿赖耶识。末那即意根，阿赖耶即心亡，两样都不好，佛家要消灭它。唯识宗认为世界种种罪恶都由七、八两识而出，所以主张转识成智，完全不把心当作好东西。禅宗主张"即心是佛"，这都是承认心是好的，一点醒，立刻与旁人不同，与孟子所谓"万物皆备于我，反身而诚，乐莫大焉"立论的根据相同。

禅宗的思想影响到儒家，后来宋儒即根据"即心是佛"的主张解释孔孟的话，研究的对象就是身体状况，修养的功夫首在弄明白心的本体，心明白了，什么都明白了。宋儒喜欢拿佛家的话解释《系辞》《大学》及《孟子》。程子《定性书》说："所谓定者，动亦定，静亦定，无将迎，无内外。……故君子之学，莫若廓然大公，物来顺应。"这类话与禅宗同一鼻孔出气。禅宗五祖弘忍传衣钵时，叫门下把各人见解写出来，神秀上座提笔在墙上写道："身是菩提树，心如明镜台。时时勤拂拭，莫使惹尘埃。"大家都称赞不绝，不敢再写。六祖慧能不识字，请旁人念给他听，听罢作偈和之曰："菩提本无树，明镜亦非台。本来无一物，何处惹尘埃？"晚上五祖把他叫进去，就把衣钵传给他了。这类神话真否可以不管，但实开后来心学的路径。我们把它内容分拆起来，已非孟荀之旧了。程子讲"物来顺应"，禅宗讲"心如明镜"，这岂不是一鼻孔出气吗？

朱陆两家都受禅宗影响。朱子释"明德"说："明德者，人之所得乎天，而虚灵不昧，以具众理而应万事者也。"所谓虚灵不昧，以应万事，即明镜拂拭之说。陆子称"圣贤之学，心学而已矣"，又即禅宗"即心是佛"之说。据我看来，禅宗气味，陆子免不了，不过朱子更多。陆子尝说"心即理""明本心""立其大者"，大部分还是祖述孟子"求其本心""放其良心"的话。所以说孟子同孔子相近，象山是孟子嫡传。象山不谈玄，讲实行，没有多少哲学上的根据。

阳明路数同象山一样，而哲学上的根据比较多些。

阳明"知行合一"之说在心理学上很有根据。他解释《大学》根本和朱子不同。《大学》的讲格物、致知、诚意、正心、修身五事，朱子以为古人为学次第，先格物，再致知，三诚意，四正心，五修身，循序渐进；阳明以为这些都是一件事，内容虽有区别，实际确不可分。阳明最主要的解释见《语录》卷二"先生曰：'只要知身、心、意、知、物是一件。'九川疑曰：'物在外，如何与身、心、意、知是一件？'先生曰：'耳、目、口、鼻、四肢，身也，非心安能视听言动？心欲视听言动，无耳、目、口、鼻、四肢，亦不能。故无心则无身，无身则无心。但指其充塞处言之，谓之身；指其主宰处言之，谓之心；指心之发动处，谓之意；指意之灵明处，谓之知；指意之涉着处，谓之物。只是一件。意未有悬空的，必着事物。'"这是绝对的唯心论。心物相对，物若无心不可以，外心求物，物又在哪里哩？

《阳明文集·答罗整庵书》又说："……理一而已。以其理之凝聚而言，则谓之性；以其凝聚之主宰而言，则谓之心；以其主宰之发动而言，则谓之意；以其发动之明觉而言，则谓之知；以其明觉之感应而言，则谓之物。"阳明一生最讲心外无理，心外无事，心外无物，物外无心。他的知行合一说即由心物合一说而出。致良知就是孟子所谓良心，不过要把心应用到事物上去。阳明这种主张确是心学。他下手的功夫同象山差不多，主要之点不外诚意，不外服从良心的第一命令。下手的功夫既然平易切实，不涉玄妙，又有哲学上的心物合一说以为根据，所以阳明的知行合一说能够成立，能够实行。而知行合一说又是阳明学说的中心点。他思想接近原始儒家，比程朱好；他根据十分踏实圆满，比象山素朴，但只讲方法而已，后面缺少哲学的根据。

心体问题，到王阳明真到发挥透彻，成一家言，可谓集大成的学者。以前的议论，没有他精辟；以后的议论，没有他中肯。清代学者，不是无聊攻击，便是委靡敷衍。大师中如颜习斋、戴东原，旁的问题虽有极妥洽的地方，这个问题则没有特殊见解，可以略去不讲。几千年来对于心体问题主张大致如此。

中庸①

孔子说："中庸其至矣乎，民鲜能久矣。"（《礼记·中庸》）又说："君子之中庸也，君子而时中。"（同上）时中两个字，确是孔子学术的特色。

中是就空间言，不偏走于两极端，常常取折衷的态度；加上一个庸字，是归于适用的意思。孔子赞美大舜说："执其两端，用其中于民。"（《礼记·中庸》）这两句是中庸最好的注脚。又说："我叩其两端而竭焉。"（《论语·子罕》）是说从两极端推寻出真理。又说："攻乎异端，斯害也已。"（《论语·为政》）异端即两端，攻即《诗经》"可以攻玉"之攻，是修治的意思。已，止也。孔子的意思说：凡两极端所主张，都含有一面真理，但都各有各毛病。若像攻玉的样子来修治它一番，它的毛病就去掉了。孔子一切学说，都含有这种精神。

例如杨朱的"为我"，极端地主张自己本位说；墨子的"兼爱"，极端地主张牺牲自己，专务利他。孔

―――――――――

① 本文节选自梁启超《孔子》。

165

子的人格说主张"相人偶"的"仁"，用"恕"的方格从两端推验出来，所以"己欲立而立人，己欲达而达人"。这便是执杨、墨两端求得中庸。又如道家说"法令滋彰，盗贼多有"，极端地反对法治；法家说"以法治国国之福，不以法治国国之贼"，极端地崇拜法治。孔子却从中间寻出个礼治主义来。又说："出于礼者入于刑。"他的《春秋》，便一半含有礼制的性质，一半含有法律的性质。这便是执道、法两端求得中庸。又如老子说"其鬼不神"，墨子说"明鬼"。孔子却说个"体物而不可遗""如在其左右"的"鬼神之为德"，说鬼神有主观的存在，没有客观的存在。这又是执老、墨两端求得的中庸。又如老子极端地主张"绝欲"，慎到闹到"非生人之行而至死人之理"，陈仲子闹到"必蚓而后可"；杨朱和他相反，极端地主张"乐生逸身"。孔子讲的礼，却是"因人之情而为之节文"，饮食男女的情欲，是应该尊重的，但须加以品节。所以他自己一面是"食不厌精，脍不厌细"，一面是"饭疏食，饮水，曲肱而枕之，乐亦在其中"。这又是执老、杨的两端求得的中庸。又如棘子成反对当时文胜的流弊，说"君子质而已矣，何以文为"，本也含一面真理。孔子嫌他太偏了，说出个"文质彬彬，然后君子"。或人问："以德报怨何如？"要矫正人类豀刻计较的恶性，本也甚好。孔子因为如此便行不通，说出个

"以直报怨以德报德"。这都是折衷适用的意思，所以叫做中庸。以上所说，不过随手举几个例，其实孔子学说的全部，都是如此。

孔子主张这种中庸主义，有什么根据呢？《中庸》说：

> 万物并育而不相害，道并行而不相悖。

《易·系辞》说：

> 天下同归而殊途，一致而百虑。

孔子是最崇信自然法的人。他以为自然法的好处，因为自然界本身有自然的调和力，所以能"至赜而不可恶""至动而不可乱"。因为有调和力，所以不妨"并育""并行"，而且非并育并行显不出调和力来；因为有调和力，所以能"同归""一致"，却是非"殊途""百虑"，那调和力便无所依据。孔子学说的主脚点，在效法自然。中庸是效法自然调和的结果，并育并行，是供给调和的资料。

孔子主张调和，不主张排斥。因为他立在中间，看见那两极端所说，都含有一面真理，所以不肯排斥它。墨子便不然，他立在这一个极端，认为真理，觉得那一个极端是真理的反面，非排斥不可。所以他的书中，非什么非什么的篇名，有许多出来。孔子是最尊重思想自由的人，他的书里头，从没有一句排除异己的话（有人说孔子杀少正卯，岂不是压制思想自由？我说这件事决不是事实。《史记·孔子世家》虽然有"诛乱政大夫少正卯"之说，但《史记》有许多后人窜入的话，本来不可尽信，就是太史公选择材料，也非字字精审。再让一步说，《史记》就算靠得住，也许是杀了一个凶虐不奉职的人。至于说他的罪名是"其居处足以撮徒成党，其谈说足以饰褒荣众，其强御足以反是独立"，这是出晋王肃伪撰的《孔子家语》①，断断信不得的。我想孔子是主张礼治主义的人，像法家的杀人立威，他是根本反对的。后来伪书最喜欢讲齐太公诛华士、子产杀邓析、孔子杀少正卯三事，三个被杀的人罪名都是一样，太公、子产、孔子异时异地不谋而合，做了三篇印版文章，天下哪有这情理？所以我要替他三位辨冤）。后来儒家两位大师，孟子距杨墨，荀子非十二子，虽说是不得已，已经失却孔子精神了。至于李斯教秦始皇"别黑白而定一尊"，董仲舒教汉武帝"表章六艺罢黜百家"，更是和孔子精神相反。因为这种做法，便是极端，不是中庸了。

中国为什么能产生这种大规模的中庸学说呢？我想：地势气候人种，都有关系。因为我们的文明，是发

①　编者按：《孔子家语》是一部记录孔门弟子思想言行的著作。过去因为疑古派的非难，历代前人多认为是伪书。随着近代简帛文献的出土，证明确为先秦旧籍，《孔子家语》的真实性与文献价值越来越为学术界所重视。

育在大平原上头。平原是没有什么险峻恢诡的形状，没有极端的深刻，也没有极端的疏宕；没有极端的忧郁，也没有极端的畅放。这块大平原，位置在温带，气候四时具备，常常变迁，却变迁得不甚激烈，所以对于自然界的调和性看得最亲切，而且感觉它的善美。人类生在这种地方，调和性本已应该发达。再加以中华民族是由许多民族醇化而成，若各执极端，醇化事业便要失败。所以多年以来，调和性久已孕育。孔子的中庸主义，可以说都是这种环境的产物。

和孔子相先后的哲学家那么多，为什么二千年来的中国，几乎全被孔学占领呢？世主的特别提倡，固然是一种原因，但学说的兴废断不是有权势的人能够完全支配，一定和民族性的契合反拨，有一种针芥相投的关系。我们这平原民族温带民族，生来就富于调和性，凡极端的事物，多数人总不甚欢迎。所以极端的思想，虽或因一时有人提倡主持，像很兴盛，过些时候，稍为松劲，又返到中庸了。孔子学说，和这种民族特性最相契合，所以能多年做思想界的主脑，就是为此。

然则中庸主义是好呀，还是坏呢？我说：两面都有。好处在它的容量大，从没有绝对排斥的事物。若领略得它的真意义，真可以做到"鱼相忘于江湖，人相忘于道术"。所以中国人争教流血的笑话，始终没有闹过。佛教基督教和各种学术从外国输入，我们都能容纳。中庸主义若从这方面发展出去，便是平等自由的素质了。坏处在容易损坏个性。凡两种事物调和，一定各各把它原有的性质，绳削了一部分去，这就是把它个性损坏了。专重调和的结果，一定把社会事务轮廓，弄得囫囵不分明。流弊所极，可以把社会上千千万万人，都像一个模型里铸出来，社会变成死的不是活的了。我想孔子时代的中庸主义，还没有多大毛病，越久了毛病越显著。后来中庸主义和非中庸主义，却成了对峙的两极端，中庸这个名词，已经变质了。依着老子说"一生二，二生三"的道理，甲与非甲两极端，生出个第三者的乙来，叫做中庸。此后怕是乙与非乙两极端，再生出个第三者的丙来，叫做新中庸吧。

孔子的中庸，还含有时间性，所以说"时中"。《易传》说："随时之义大矣哉！"又说："与时偕行。"全部《易经》，说"时"字的几乎无卦不有。《春秋》的三世，也是把时的关系，看得最重。因为孔子所建设的是流动哲学，那基础是摆在社会的动相上头，自然是移步换形，刻刻不同了。"时中"，就是从前际后际的两端，求出个中来适用。孔子因把"逝者如斯"的现象看得真切，所以对于时的观念，最为明了。"生乎今之世反古之道"，是他所反对的；"虽百世可知"，却是要有所损益。简单说，孔子许多话，都像演电影似的，截头截尾，就教你在白布上颤动的那一段落来注意。若不懂得时间的意味，便觉他有许多话奇怪了。孟子上他个徽号，说是"圣之时"。真是不错！孔子"中"的观念，容或还有流弊，这"时"的观念，却是好极了。我们能受他"与时偕行"的教训，总不要落在时代的后头，那么，非唯能顺应，而且能向上了。

第七讲

儒家经典

《诗经》 ①

《诗经》的年代

《诗经》为古籍中最纯粹可信之书，绝不发生真伪问题，故但考其年代已足。

《孟子》云："王者之迹熄而《诗》亡，《诗》亡然后《春秋》作。"未述《诗》之起源而唯概指其终局，似论三百篇皆春秋前作品也（今案：各篇年代最古而有征者为《商颂》五篇）。《国语》云："正考父校商之名颂十二篇于周大师，以《那》为首。"郑司农云："自考父至孔子，又亡其七篇。"后世说《诗》者或以今《商颂》为考父作，此误读《国语》耳。此五篇乃至十二篇者，殆商代郊祀乐章，春秋时宋国沿用之，故得传于后。犹汉、魏郊祀乐府，至今虽失其调而犹存

---

① 本文节选自梁启超《要籍解题及其读法》（初名《群书概要》），载《清华周刊》1923年10月至1924年3月第288—305期 《书报介绍副镌》第5—9期。

其文也。其次则《豳风》之《七月》一篇，后世注家谓周公述后稷、公刘之德而作，然羌无实据。玩诗语但应为周人自豳迁岐以前之民间作品。且篇首"七月流火，九月授衣"云云，所用为夏正，故亦可推定为夏时代作品。果尔，则三百篇中此为最古，且现存一切文学作品中亦此为最古矣。其最晚者如《秦风》之"我送舅氏，曰至渭阳"，相传为秦襄公送晋文公之诗。如《陈风》之"胡为乎株林？从夏南"，相传为刺陈灵公昵夏姬之诗，果尔，则为春秋中叶作品。然尽人皆可有舅，不必秦襄，夏南为夏姬虽极近似，亦无以证其必然。故《诗》讫何年，实难论定。唯《鲁颂·閟宫》篇"周公之孙，庄公之子"，其为鲁僖公时作品更无可疑。则三百篇中不乏春秋时作品，盖可推断。然国风有《邶》《鄘》《唐》《魏》，皆春秋前旧国；《雅》有多篇可考定为周厉、宣时事。则假定全书诸篇以西周末东周初——约西纪前九百年至西纪前七百年——时人所作为中坚，其间最古之若干篇，约距今三千四五百年，最晚之若干篇，约距今二千六七百年，虽不中亦不甚远矣。

然则何故唯彼时代独有诗——或诗独盛耶？其一，社会文化渐臻成熟之后，始能有优美的文艺作品出现。"周监二代，郁郁乎文"。中国社会脱离僿野状态，实自周始。周初犹属启蒙时代，故可传之作品尚少。至东迁前后，人文益进，名作乃渐多。又，诗本为表情之具，周初社会静谧，冲动情感之资料较少。东迁前后，乱离呻吟，不期而全社会强烈之感情被蒸发焉，此或亦多诗之一因也。其二，问者曰：若尔则春秋中叶以后诗宜更多，曷为反少？此问题复可作两种解答。（1）文体本逐时代而变迁，此类之诗，盛行已数百年，或春秋中叶以后，渐为社会所厌倦，不复有名作。（2）"轩采诗"之制度，传记屡言，吾侪应认为事实的存在。三百篇之辑集成书，殆由于此。此事本为周代美政之一，由王室行之。春秋以降，王室式微，斯典乃废。虽有歌什，莫为撷纂，遂至沦逸。《孟子》所谓"王迹熄而《诗》亡"也。

孔子删《诗》说不足信

《史记·孔子世家》云："古者《诗》三千余篇，及至孔子，去其重，取可施于礼义，上采契、后稷，中述殷、周之盛，至幽、厉之缺……三百五篇。"此说若确，则今本《诗经》，实为孔子所手选。如徐孝穆之选《玉台新咏》，王介甫之选《唐百家诗》。然汉、唐学者多不信此说。孔颖达云："《书》《传》所引之《诗》，见在者多，亡逸者少。则孔子所录，不容十分去九，迁旨未可信也。"（谨案：《论语》云："《诗三百》，一言以蔽之。"又云："诵《诗》三百，授之以政，不达。"此皆孔子之言，而述《诗》篇数，辄举三百，可见孔子素所诵习即止此数，而非其所自删明矣）《左传》记吴季札适鲁观乐，事在孔子前，而所歌之风，无出今十五国外者，益可为三百篇非定自孔子之明证。且孔子如删《诗》也，则以何为标准耶？如后人所谓"贞淫"耶？《郑》《卫》言情之作具在，未尝删也。且如逸《诗》之见于传记者，如《论语》之"唐棣之华，偏其反而。岂不尔思，室是远而"；如《左传》之"虽有丝麻，无弃菅蒯。虽有姬姜，无弃蕉萃"，"思我王度，式如玉，式如金。形民之力，而无醉饱之心"。凡此之类，何字何句悖于"礼义"，而孔子乃删之哉？是故以吾侪所信，则孔子决无删《诗》之事。今三百篇是否曾经一度有意识地编纂，不可深考。藉曰有之，则编纂者或史官太师之属，不能确指为谁。要之，春秋时士大夫所同讽诵者即此三百余篇，纵有佚亡，亦不过百之一二，此则按诸故实而略可断言者也。

然则孔子之于《诗经》未尝有所致力耶？曰：有之。《论语》述孔子言曰："吾自卫反鲁，然后乐正，《雅》《颂》各得其所。"《孔子世家》曰："三百五篇，孔子皆弦歌之，以求合《韶》《武》《雅》《颂》之音。"《庄子》曰："孔子诵《诗》三百，歌《诗》三百，弦《诗》三百，舞《诗》三百。"窃意前此之《诗》不皆能入乐，或入乐而沦紊其谱。孔子最嗜音乐，最通音乐，故反鲁之后，以乐理诏鲁太师，又取三百篇之谱阙者补之，舛者订之，故云乐正而《雅》《颂》得所，故云弦歌以求合《韶》《武》，是故《雅》《颂》之文犹昔也。失所得所，则弦之歌之舞之而始见。孔子正乐即正诗也，故《乐》无经，以《诗》为经。"雅言诗书执礼"而无乐，乐在诗中，不可分也。诗乐合体，其或自孔子始也（见魏源《诗古微》上编之三《夫子正乐论》）。

《诗序》的来历[①]

《诗经》之传授，在汉初则有鲁、齐、韩三家立于学官，而古文《毛氏传》晚出。东汉以后，毛独行而三家废，今官书题此书为"毛诗"，而村学究且有呼为"毛经"者，可叹，亦可笑也。《毛传》真伪，久成问题，吾于他书论今古文公案者已屡及之，今不再赘。而其伪中出伪贻误后学最甚者尤莫如所谓《诗序》。《诗序》今附《毛传》以行，每篇之首，序说所以作此诗之意或并及作诗之人。首篇《关雎》之序特长，盖千数百

---

① 编者按：关于《诗序》的作者，长期以来众说纷纭，其中影响较大的有两说：一说为孔子弟子子夏所作，见郑玄《诗谱》；一说为汉人卫宏所作，见《后汉书·儒林传》。当今学界倾向于《诗序》并非一时一人之作，其主体大约完成于西汉中期以前的学者之手，也可能含有东汉诗家阐发润益的部分。

言，总论全书旨趣，谓之《大序》。自余各篇，短者不及十言，较长者数十言，谓之《小序》。夫读《诗》者恒欲知作诗之人与作诗之旨，此人情也。而《诗》三百篇一一求其人与其旨以实之，殆不可能。故孟子贵"以意逆志"，《左传》称"断章取义"。申公之授《鲁诗》，"无传疑，疑者则阙不传"。韩婴作《韩诗外传》，刘向作《新序》，皆实行逆志断章之教。西汉以前之说《诗》者类皆如此。今所谓《诗序》者，乃逐篇一一取其人与其旨凿言之，若有所受焉，此所以为学者所共乐习，二千年奉为鸿宝以迄于兹也。

　　《诗序》谁所作耶？《后汉书·儒林传》述其来历甚明，云："谢曼卿善《毛诗》，乃为其训。（卫）宏从曼卿受学，因作《毛诗序》，善得《风》《雅》之旨，于今传于世。"则《序》为宏作，铁案如山，宁复有疑辩之余地。乃隋、唐以后之传说则大可异。或云《序》之首句为大毛公作，次句以下为小毛公作；或云《大序》是子夏作，《小序》是子夏、毛公合作（《隋书·经籍志》称《序》为子夏所创，毛公及卫敬仲更加润益）。尤可骇者，宋程颐以《大序》为孔子所作，《小序》为当时国史所作。以《史记》《汉书》从未齿及之《诗序》，范蔚宗时"传于世"共知出卫宏手者，乃辗转攀引嫁名及于孔子、子夏，而千余年共认为神圣不可侵犯之宝典，真不可思议之怪象矣。

《诗》非必皆无作者主名，然断不能谓篇篇皆可得作者主名。《诗》非必皆无本事，然断不能谓篇篇皆有本事。以三百篇论，则无主名无本事者其数必远过于有主名有本事者，又至易见也。鲁、齐、韩三家书虽亡，其佚说时时见于他籍，间有述各篇之主名或年代或本事，则其义率较所谓《毛诗序》者为长（如以《关雎》为康王时诗，以《采薇》为懿王时诗，以《驺虞》为主鸟兽之官，以《宾之初筵》为卫武公饮酒悔过作之类，盖有所受之也）。《毛诗》家所谓大毛公、小毛公者是否有其人，本已属问题，藉曰有之，然质诸刘歆、班固，亦未言二毛有作《序》之事，而卫宏生东汉之初，果何所受而能知申公、辕固、韩婴所不知，或另树一说以与为难者？故但考明《诗序》之来历，则其书之无价值，本已不待辩。若细按其内容，则捧腹喷饭之资料更不可一二数。例如《郑风》，见有"仲"字则曰祭仲，见有"叔"字则曰共叔段，余则连篇累牍皆曰"刺忽""刺忽"。郑立国数百年，岂其于仲、段、忽外遂无他人？而诗人讴歌，岂其于美刺仲、段、忽外遂无他情感？凿空武断，可笑一至此极。其余诸篇，大率此类也。故欲治《诗经》者，非先将《毛序》拉杂摧烧之，其蔀障不知所极矣（看崔述《读风偶识》卷一《通论·诗序》、卷二《通论·国风》）。

朱熹《集传》，亦每篇述作诗之旨而颇纠正卫

《序》，较洁净矣。而又别有其凿空武断之途，故学者宜并举而廓清之。

《风》《颂》《雅》《南》释名

"四诗"之说，见于《孔子世家》。其说是否为后人附益，尚难断定，若古有此说，则甚易解。盖三百篇本以类从，分为四体，曰《南》、曰《风》、曰《雅》、曰《颂》。自《毛诗序》不得"南"之解，将《周》《召》二《南》侪于《邶》《鄘》以下之诸《风》名为"十五国风"，于是"四诗"余其三，而析小、大《雅》为二以足之，《诗》体紊矣。今分释其名如下。

1. 释南

《诗·鼓钟》"以雅以南"，"南"与"雅"对举，雅既为诗之一体，则"南"亦必为诗之一体甚明。《礼记》文王世子之"胥鼓南"，《左传》之"象箭南箭"，皆指此也。此体诗何以名之为"南"，无从臆断。毛氏于《鼓钟》传云："南夷之乐曰南。"《周礼·旄人》郑注，《公羊·昭二十五年》何注皆云："南方之乐曰任。""南""任"同音，当本一字。乃至后此汉魏乐府所谓"盐"、所谓"艳"者（河鹄盐、归国盐、突厥盐、黄帝盐、疏勒盐、三妇艳），亦即此字所变术，盖未可知。但《毛诗序》必谓《鼓钟》之

"南",非二南之"南"。其释二《南》则谓:"南,言王化自北而南",则望文生义,极可笑。此如某帖括家选古诗解"昔昔盐"为食盐矣。窃意"南"为当时一种音乐之名,其节奏盖自为一体,与雅、颂等不同。据《仪礼·乡饮酒礼》《燕礼》,皆于工歌间歌笙奏之后终以合乐,合乐所歌为《周南》之《关雎》《葛覃》《卷耳》,《召南》之《鹊巢》《采繁》《采苹》。《论语》亦云:"《关雎》之乱,洋洋乎盈耳哉。""乱"者曲终所奏也。综合此种资料以推测,"南"似为一种合唱的音乐,于乐终时歌之,歌者不限于乐工,故曰"其乱洋洋盈耳"矣。

2. 释风

《毛诗序》释"风"字之义,谓:"上以风化下,下以风刺上。"亦是望文生义。窃疑风者讽也,为讽诵之讽字之本文。《汉书·艺文志》云:"不歌而诵谓之赋。""风"殆只能讽诵而不能歌者。故《仪礼》《礼记》《左传》中所歌之诗,唯风无有。《左传》述宴享时所及之风诗则皆赋也,正所谓不歌而诵也(《左传·季札观周乐》遍歌各国风,其文可疑,恐是孔子正乐以后之学者所记。详《左传解题》)。后此风能歌与否不可知,若能,恐在孔子正乐后也。

3. 释雅

雅者正也,殆周代最通行之乐,公认为正声,故谓之雅。《仪礼·乡饮酒》云："工歌《鹿鸣》《四牡》《皇皇者华》……奏《南陔》《白华》《华黍》……乃间歌《鱼丽》，笙《由庚》，歌《南有嘉鱼》……笙《崇丘》，歌《南山有台》，笙《由仪》……大师告于乐正曰：'正歌备……'"（笙诗六篇有声无辞，晋束皙谓其亡而补之，妄也。窃疑歌与笙同时合作，相依而节，如今西乐所谓"伴奏"。例如歌《鱼丽》时即笙《由庚》以为伴，《由庚》但有音符之谱而无辞可歌，其音节则与所歌《鱼丽》相应也。《南陔》之与《鹿鸣》，《白华》之与《四牡》，《华黍》之与《皇皇者华》，《崇丘》之与《南有嘉鱼》，《由仪》之与《南山有台》，并同）凡《小雅》、《大雅》之诗皆用此体，故谓之正乐，谓之《雅》。

4.释颂

后人多以颂美之义释颂，窃疑不然。《汉书·儒林传》云："鲁徐生善为颂。"苏林注云："颂貌威仪。"颜师古注云："颂读与容同。"颂字从页，页即人面，故容貌实颂字之本义也。然则《周颂》《商颂》等诗何故名为颂耶？《南》《雅》皆唯歌，《颂》则歌而兼舞。《周官》："奏无射，歌夹钟，舞大武。"《礼记》："朱干玉戚冕而舞大武。"《大武》为《周颂》中主要之篇，而其用在舞。舞则舞容最重矣，故取所重名此类诗曰颂。《乐记》云："夫《武》，始而北出，再成而灭商，三成而南，四成而南国是疆，五成而分周公左召公右，六成复缀以崇天子，夹振之而四伐，盛威于中国也。分夹而进，事蚤济也，久立于缀，以待诸侯之至也。"（今本《周颂》唯"于皇武王"一章下句标题为《武》，然据《左传·宣十二年》楚庄王云："武王克商……作《武》，其卒章曰'耆定尔功'，其三曰'敷时绎思我徂维求定'，其六曰'绥万邦屡丰年'"。今本唯"耆定尔功"在《武》之章，"敷时绎思"云云，其章名曰《赉》，"绥万邦"云云，其章名曰《桓》，而春秋时人乃并指为《武》之一部，且确数其篇次。可见今本分章非古，而《大武》之诗不止一章矣）。观此则《大武》舞容何若，尚可仿佛想见。三《颂》之诗，皆重舞节，此其所以与《雅》《南》之唯歌者有异，与《风》之不歌而诵者更异也（略以后世之体比附之，则《风》为民谣，《南》《雅》为乐府歌辞，《颂》则剧本也）。

上文为"四诗"之分析解释，前人多未道及，吾亦未敢遽自信，姑悬一说以待来者。

读《诗》法之一

《诗三百》为我国最古而最优美之文学作品。其中《颂》之一类，盖出专门文学家音乐家所制，最为典重裔皇。《雅》之一类，亦似有一部分出专门家之手。《南》与《风》则纯粹的平民文学也。前后数百年间各地方各种阶级各种职业之人、男女两性之作品皆有，所写情感对于国家社会，对于家庭，对于朋友个人相互交际，对于男女两性间之怨慕等等，莫不有其代表之作。其表现情感之法，有极缠绵而极蕴藉者。例如：

> 君子于役，不知其期。曷至哉？鸡栖于埘，日之夕矣，羊牛下来。君子于役，如之何勿思！

如：

> 陟彼岵兮，瞻望父兮。父曰：嗟！予子行役，夙夜无已。上慎旃哉，犹来！无止！

如：

> 习习谷风，以阴以雨。黾勉同心，不宜有怒。采葑采菲，无以下体。德音莫违，及尔同死。

有极委婉而实极决绝者。例如：

> 泛彼柏舟，在彼中河。髧彼两髦，实维我仪。之死矢靡它。母也天只！不谅人只！

有极沉痛而一发务使尽者。例如：

> 蓼蓼者莪，匪莪伊蒿。哀哀父母，生我劬劳。

如：

> 苕之华，其叶青青。知我如此，不如无生。

有于无字句处写其深痛或挚爱者。例如：

> 彼黍离离，彼稷之苗。行迈靡靡，中心摇摇。

知我者谓我心忧，不知我者谓我何求。悠悠苍天，此何人哉。

如：

瞻彼日月，悠悠我思。道之云远，曷云能来？

有其辞繁而不杀，以曲达菀结不可解之情者。例如：

《谷风》《载驰》《鸱鸮》《节南山》《正月》《十月之交》《小弁》《桑柔》诸篇（全文不录）。

有极淡远而一往情深者。例如：

蒹葭苍苍，白露为霜。所谓伊人，在水一方。溯洄从之，道阻且长。溯游从之，宛在水中央。

有极旖旎而含情邈然者。例如：

春日载阳，有鸣仓庚。女执懿筐，遵彼微行，爰求柔桑。春日迟迟，采蘩祁祁，女心伤悲，殆及公子同归。

凡此之类，各极表情文学之能事（右所举例不过随感忆所及随摭数章，令学者循此以注意耳，非谓表情佳什仅此，亦非谓表情法之种类仅此也）。故治《诗》者宜以全《诗》作文学品读，专从其抒写情感处注意而赏玩之，则《诗》之真价值乃见也。

孔子曰："《诗》可以兴，可以观，可以群，可以怨。"孔子于文学与人生之关系看出最真切，故能有此言。古者以《诗》为教育主要之工具，其目的在使一般人养成美感，有玩赏文学的能力，则人格不期而自进于高明。夫名《诗》仅讽诵涵泳焉，所得已多矣，况孔子举三百篇皆弦而歌之，合文学、音乐为一，以树社会教育之基础，其感化力之大云胡可量。子之武城，闻弦歌之声，子游对以"君子学道则爱人，小人学道则易使"。谓以《诗》教也，谓美感之能使社会向上也。吾侪学《诗》亦学孔子之所学而已。

《诗》学之失，自伪《毛序》之言"美刺"始也。伪《序》以美刺释《诗》者十而八九，其中"刺时""刺其君""刺某人"云云者，又居彼八九中之八九。夫感慨时政，憎嫉恶社会，虽不失为诗人情感之一，然岂舍此遂更无可抒之情感者？伪《序》乃悉举而纳之于刺。例如《邶风》之《雄雉》，《王风》之《君子于役》，明为夫行役在外而妻念之之作，与时君何与？而一以为刺卫宣公，一以为刺周平王。《邶风》之《谷风》，《卫风》之《氓》，明是弃妇自写其哀怨，而一以为刺夫妇失道，一以为刺时。诸如此类，指不胜指。信如彼说，则三百篇之作者乃举如一黄蜂，终日以螫人为事，自身复有性情否耶？三百篇尽成"谇书"，所谓温柔敦厚者何在耶？又如男女相悦之诗十九释为刺淫，彼盖泥于孔子"思无邪"之言，以为"淫则邪，刺之则无邪"也。信如彼说，则构淫词以为刺，直"劝百讽一"耳，谓之无邪可乎？不知男女爱悦，亦情之正，岂必刺焉而始有合于无邪之旨也。是故自美刺之说行，而三百篇成为"司空城旦书"，其性灵之神圣忽没不曜者二千年于兹矣。学者速脱此梏，乃可与语于学《诗》也。

读《诗》法之二

前段所说，专就陶养情感一方面言。但古人学《诗》，尚有第二目的，在应用一方面。孔子曰："不学《诗》，无以言。"又曰："诵《诗三百》，授之以政，不达，使于四方，不能专对，虽多亦奚以为。"学《诗》何故能言能专对，授之以政何故能达耶？为政者不外熟察人情，批其窾郤，因而导之。而吾人所以御事应务，其本则在"多识前言往行以畜其德"。古人学《诗》，将以求此也。《左传·襄二十八年》云："赋《诗》断章，余取所求焉。"断章取所求，即学《诗》应用方面之法也，是故"缗蛮黄鸟，止于丘隅"。孔子读之则曰："于止知其所止，可以人而不如鸟乎？""高山仰止，景行行止。"孔子读之则曰："《诗》之好仁如此，乡道而行……不知年数之不足也，俛焉日有孳孳，毙而后已。"司马迁读之则曰："虽不能至，然心向往之。""如切如磋，如琢如磨。"子贡读之，悟所以处贫富者。"'巧笑倩兮，美目盼兮'，素以为绚兮。"子夏读之，明"礼后"之义。孔子并赞叹之曰："赐也、商也，始可与言《诗》也已矣。""彻彼桑土，绸缪牖户。今女下民，或敢侮予。"孟子读之则曰："能治其国家谁敢侮之？""鸤鸠在桑，其子七兮。淑人君子，其仪一兮。"荀子读之则曰："故君子结于一也。"其余如《左传》所记列国卿大夫之赋诗言志，以及《韩诗外传》《新序》之或述事，或树义，而引《诗》以证成之。凡此之类，并不必问其《诗》之本事与其本意。通吾之所感于作者之所感，引而申之，触类而长之。此亦锻炼德性增益才智之一法，古人所恒用，而今后尚可袭用者也。

读《诗》法之三

现存先秦古籍，真赝杂糅，几于无一书无问题。其精金美玉，字字可信可宝者，《诗经》其首也。故其书于文学价值外尚有一重要价值焉，曰可以为古代史料或史料尺度。

所谓可以为史料者，非谓如伪《毛序》之比附《左传》《史记》，强派某篇为某王某公之事云也。《诗经》关系政治者本甚希，即偶有一二属于当时宫廷事实者（如卫武公饮酒悔过，许穆夫人赋《载驰》之类），亦不甚足重轻，可置勿论（《诗经》中关于具体的政治史料反不可尽信。盖文人之言华而不实者多也。如《鲁颂·閟宫》有"庄公之子"语，明为颂僖公无疑，而篇中又云："戎狄是膺，荆舒是惩。"僖公何从有此丰功伟烈耶）。虽然，历史决不限于政治，其最主要者在能现出全社会心的、物的两方面之遗影，而高尚的文学作品，往往最能应给此种要求。《左传·季札观周乐》一篇对于十五国风之批评，即从社会心理方面研究《诗经》也（其果否为季札所批评，且勿论）。吾侪若能应用此方法而扩大之，则对于"《诗》的时代"——西纪前九〇〇至前六〇〇年之中华民族之社会组织的基础及其人生观之根核，可以得较明确的概念，而各地方民性之异同及其次第醇化之迹，亦可以略见。其在物质方面，则当时动植物之分布，城郭宫室之建筑，农器、兵器、礼器、用器之制造，衣服、饮食之进步……凡此种种状况，试分类爬梳，所得者至复不少，故以史料读《诗经》几于无一字无用也。

所谓史料之尺度者，古代史神话与赝迹太多，吾侪欲严密鉴别，不能不择一两部较可信之书以为准据，以衡量他书所言以下真伪之判决，所谓正日月者视北辰也。若是者，吾名之曰史料之尺度。例如研究孔子史迹当以《论语》为尺度是也。有《诗》时代及有《诗》以前之时代，正式之史未出现（《诗》亡然后《春秋》作），而传记、谶纬所记古事多糅杂不可究诘。《诗经》既未经后人窜乱，全部字字可信，其文虽非为记事而作，而偶有所记，吾辈良可据为准鹄。例如："天命玄鸟，降而生商""厥初生民，时维姜嫄"，乃商、周人述其先德之诗，而所言如此，则稷、契为帝喾子之说，当然成问题。例如："帝作邦作对，自大伯王季。"明是周人历述其创业之主，则泰伯有无逃荆蛮之事，亦成问题（恐周人自文、武以前，亦如殷制，兄终弟及）。例如，各篇中屡言夏禹，如"禹敷下土方""缵禹之绪"等，而尧、舜无一字道及，则尧、舜为何等人亦可成问题。诸如此类，若以史家极谨严的态度临之，宁阙疑勿武断，则以《诗经》为尺度，尚可得较洁净之史也。

说《诗》、注《诗》之书

《诗》居六艺之首，自汉以来，传习极盛，解说者无虑千百家。即今现存之笺释等类书亦无虑千百种，略读之已使人头白矣。故吾劝学者以少读为妙，若必欲参考，则姑举以下各书：

西汉今文诗说有鲁、齐、韩三家，其传皆亡，仅余一《韩诗外传》，为韩诗之别子。刘向之《新序》及《说苑》，说《诗》语极多。向固治鲁诗也，欲知西汉《诗》说之大概，此三书宜读。

清陈乔枞有《三家诗遗说考》，搜采三家说略备，可参考。

现行《十三经注疏》本《诗经》，为毛传、郑康成笺、孔颖达疏，所谓古文家言也。《毛序》之万不可信，吾已极言之。唯《毛传》于训诂颇简洁，可读也。《郑笺》十九申毛，时亦纠之，穿凿附会者不少，宜分别观。《孔疏》颇博洽而断制少。清儒新疏，有陈奂《诗毛氏传疏》最精审，专宗毛，虽郑亦不苟同也。次则马瑞辰《毛诗传笺通释》，胡承珙《毛诗后笺》亦好。而王引之《经义述闻》《经传释词》中关于毛诗各条皆极好。学者读此类书，宜专取其关于训诂名物方面观之，其关于礼制者已当慎择，关于说诗意者切勿为其所囿。

宋儒注释书，朱熹《诗经集传》颇洁净，其教人脱离传笺直玩诗旨，颇可学。但亦多武断处。其对于训诂名物，远不逮清儒之精审。

通论《诗》旨之书，清魏源《诗古微》，崔述《读风偶识》，极有理解，可读。姚际恒《九经通论》中《诗经》之部当甚好，但我尚未见其书。

吾关于整理《诗经》之意见有二：其一，训诂名物之部，清儒笺释，已十得八九，汇观参订，择善以从，渤成一极简明之新注，则读者于文义可以无阂。其二，诗旨之部，从《左传》所记当时士大夫之"赋《诗》断章"起，次《论语》《孟子》《礼记》及周秦诸子引《诗》所取义，下至《韩诗外传》《新序》《说苑》及两《汉书》各传中之引《诗》语止，博采其说分系本《诗》之下，以考见古人"以意逆志"、"告往知来"之法，俾《诗》学可以适用于人生。兹事为之并不难，惜吾有志焉而未之逮也。

《礼记》①

《礼记》之名称及篇目存佚

《礼记》者，七十子后学者所记，而集战国、秦、汉间儒家言之一丛书，西汉中叶儒者戴德、戴圣所纂集传授也。今存者有东汉郑康成所注四十九篇，名曰《礼记》，实《小戴记》。有北周卢辩所注三十九篇，名曰《大戴礼记》。《大戴礼记》本八十四篇，佚其四十六，存者仅此而已。两《记》之名，盖自东汉后始立。《汉书·艺文志·礼家》依《七略》著录，但云："《记》百三十一篇。"班固注云："七十子后学者所记。"至《隋书·经籍志》则云："汉初河间献王又得仲尼弟子所记一百三十一篇，至刘向考校经籍，检得一百三十篇，向因第而叙之。而又得《明堂阴阳记》等五种，共二百十四篇。戴德删其繁重，合而记之，为八十五篇，谓之《大戴记》。而戴圣又删

---

① 本文节选自梁启超《要籍解题及其读法》。

《大戴》之书为四十六篇，谓之《小戴记》。"（案此说本诸晋司空长史陈邵。《经典释文序录》引邵《周礼论序》云："戴德删《古礼》二百四篇为八十五篇，谓之《大戴礼》；圣删《大戴礼》为四十九篇，是为《小戴礼》。"《隋志》与邵异者，《古礼》二百四篇作二百十四篇，《小戴记》四十九篇作四十六篇）两记之传授分合，问题颇复杂。今先列其目，再加考证。

1. 今本《礼记》目录

孔颖达《礼记正义》于每篇之下皆有"案郑目录云……"一段，盖郑康成所撰各篇之解题也。郑录每篇皆有"此于《别录》属某某"一语，是刘向本有分类而郑引之也。今节录彼文如下：

《曲礼》上、下第一、第二

郑目录云："名曰曲礼者，以其篇记五礼之事……此于《别录》属制度。"

《檀弓》上、下第三、第四

郑目录云："名曰檀弓者，以其记人善于礼，故著姓名以显之……此于《别录》属通论。"

《王制》第五

郑目录云："名曰王制者，以其记先王班爵、授禄、祭祀、养老之法度，此于《别录》属制度。"

《月令》第六

郑目录云："名曰月令者，以其记十二月政之所行也。本《吕氏春秋》十二月纪之首章也，以礼家好事抄合之……此于《别录》属明堂阴阳。"

《曾子问》第七

郑目录云："名为曾子问者，以其记所问多明于礼，故著姓名以显之……此于《别录》属丧服。"

《文王世子》第八

郑目录云："名曰文王世子者，以其记文王为世子时之法，此于《别录》属世子法。"

《礼运》第九

郑目录云："名曰礼运者，以其记五帝三王相变易阴阳转旋之道，此于《别录》属通论。"

《礼器》第十

郑目录云："名为礼器者，以其记礼使人成器之义也，此于《别录》属制度。"

《郊特牲》第十一

郑目录云："名郊特牲者，以其记郊天用骍犊之义，此故《别录》属祭祀。"

《内则》第十二

郑目录云："名曰内则者，以其记男女居室事父母舅姑之法，此于《别录》属子法。"

《玉藻》第十三

郑目录云："名曰玉藻者，以其记天子服冕之事也……此于《别录》属通论。"

《明堂位》第十四

郑目录云："名曰明堂位者，以其记诸侯朝周公于明堂之时所陈列之位也……此于别录属明堂阴阳。"

《丧服小记》第十五

郑目录云："丧服小记者，以其记丧服之小义也，此于《别录》属丧服。"

《大传》第十六

郑目录云："名曰大传者，以其记祖宗人亲之大义，此于《别录》属通论。"

《少仪》第十七

郑目录云："名曰少仪者，以其记相见及荐羞之少威仪，少犹小也，此于别录属制度。"

《学记》第十八

郑目录云："名曰学记者，以其记人学教之义，此于《别录》属通论。"

《乐记》第十九

郑目录云："名曰乐记者，以其记乐之义，此于《别录》属乐记。"

《杂记》上、下第二十、第二十一

郑目录云："名曰杂记者，以其杂记诸侯以下至士之丧事，此于《别录》属丧服。"

《丧大记》第二十二

郑目录云："名曰丧大记者，以其记人君以下始死、小殓、大殓、殡葬之事，此于《别录》属丧服。"

《祭法》第二十三

郑目录云："以其记有虞氏至周天子以下所制祀群神之数。此于《别录》属祭祀。"

《祭义》第二十四

郑目录云："名曰祭义者，以其记祭礼、斋戒、荐羞之义也，此于《别录》属祭祀。"

《祭统》第二十五

郑目录云："名曰祭统者，以其记祭祀之本也，统犹本也，此于《别录》属祭祀。"

《经解》第二十六

郑目录云："名曰经解者，以其记六义政教之得失也，此于《别录》属通论。"

《哀公问》第二十七

郑目录云："名曰哀公问者，善其问礼著谥显之也，此于《别录》属通论。"

《仲尼燕居》第二十八

郑目录云："名曰仲尼燕居者，善其不倦燕居犹使三子侍之，言及于礼，著其字，言事可法，退朝而处曰燕居，此于《别录》属通论。"

《孔子闲居》第二十九

郑目录云："名曰孔子闲居者，善其无倦而不亵，犹使一弟子侍，为之说诗，著其氏，言可法也，退燕避人曰闲居，此于《别录》属通论。"

《坊记》第三十

郑目录云："名坊记者，以其记六艺之义，所以坊人之失者也，此于《别录》属通论。"

《中庸》第三十一

郑目录云："名曰中庸者，以其记中和之为用也……此于《别录》属通论。"

《表记》第三十二

郑目录云："名曰表记者，以其记君子之德见于仪表，此于《别录》属通论。"

《缁衣》第三十三

郑目录云："名曰缁衣者，善其好贤者厚也……此于《别录》属通论。'"

《奔丧》第三十四

郑目录云："名曰奔丧者，以其居他国闻丧奔归之礼，此于《别录》属丧服之礼矣。"

《问丧》第三十五

郑目录云："名曰问丧者，以其善问居丧之礼所由也，此于《别录》属丧服也。"

《服问》第三十六

郑目录云："名曰服问者，以其善问以知有服而遭丧所变易之节，此于《别录》属丧服也。"

《间传》第三十七

　　郑目录云："名曰间传者，以其记丧服之间轻重所宜，此于《别录》属丧服。"

《三年问》第三十八

　　郑目录云："名曰三年问者，善其问以知丧服年月所由，此于《别录》属丧服。"

《深衣》第三十九

　　郑目录云："名曰深衣者，以其记深衣之制也……此于《别录》属制度。"

《投壶》第四十

　　郑目录云；"名曰投壶者，以其记主人与客燕饮讲论才艺之礼，此于《别录》属吉礼。"

《儒行》第四十一

　　郑目录云："名曰儒行者，以其记有道德者所行也……此于《别录》属通论。"

《大学》第四十二

　　郑目录云"名曰大学者，以其记博学可以为政也，此于《别录》属通论。"

《冠义》第四十三

　　郑目录云："名曰冠义者，以其记冠礼成人之义，此于《别录》属吉事。"

《昏义》第四十四

郑目录云："名曰昏义者，以其记娶妻之义内教之所由成也，此于《别录》属吉事也。"

《乡饮酒义》第四十五

郑目录云："名曰乡饮酒义者，以其记乡大夫饮宾于庠序之礼，尊贤养老之义，此于《别录》属吉事。"

《射义》第四十六

郑目录云："名曰射义者，以其记燕射大射之礼，观德行取于士之义，此于《别录》属吉事。"

《燕义》第四十七

郑目录云："名曰燕义者，以其记君臣燕饮之礼，上下相尊之义，此于《别录》属吉事。"

《聘义》第四十八

郑目录云："名曰聘义者，以其记诸侯之国交相聘问之礼，重礼轻财之义也，此于《别录》属吉事。"

《丧服四制》第四十九

郑目录云："名曰丧服四制者，以其记丧服制取于仁义礼知也，此于《别录》旧说属丧服。"

（案：据此知刘向所编定之《礼记》实分类为次，其类之可考见者，一通论，二制度，三丧服，四吉礼或吉事，五祭祀，六子法或世子法，七乐记，八明堂阴阳。）

2. 今本《大戴礼记》目录

据《隋志》，《大戴礼记》八十五篇。今本自第三十八篇以上全佚，其下间佚，所存篇目如下：

《主言》第三十九（以上三十八篇佚）

《哀公问五义》第四十

《哀公问于孔子》第四十一

《礼三本》第四十二（以上今本卷一，此下佚三篇）

《礼察》第四十六

《夏小正》第四十七（以上今本卷二）

《保傅》第四十八（今本卷三）

《曾子立事》第四十九

《曾子本孝》第五十

《曾子立孝》第五十一

《曾子大孝》第五十二

《曾子事父母》第五十三（以上今本卷四）

《曾子制言》上、中、下第五十四至五十六

《曾子疾病》第五十七

《曾子天圆》第五十八（以上今本卷五）

《武王践阼》第五十九

《卫将军文子》第六十（以上今本卷六，此下佚一篇）

《五帝德》第六十二

《帝系》第六十三

《劝学》第六十四（以上今本卷七）

《子张问入官》第六十五

《盛德》第六十六（以上今本卷八）

《千乘》第六十七

《四代》第六十八

《虞戴德》第六十九

《诰志》第七十（以上今本卷九）

《文王官人》第七十一

《诸侯迁庙》第七十二

《诸侯衅庙》第七十三（以上今本卷十）

《小辨》第七十四

《用兵》第七十五

《少间》第七十六（以上今本卷十一）

《朝事》第七十七

《投壶》第七十八（以上今本卷十二）

《公符》第七十九

《本命》第八十

《易本命》第八十一（以上今本卷十三，此下佚四篇）

《隋志》言《大戴》八十五篇，佚其四十七篇，存三十八篇，然今本实有三十九篇。《四库提要》云："盖《夏小正》一篇多别行，隋、唐间录《大戴》者或阙其篇。……存者宜为三十九篇。"《中兴书目》谓存四十篇者，《夏小正》外又加《明堂》第六十七之一篇。实则此篇在《盛德》篇内，后人复写重出耳。其佚篇篇名可考者则有《谥法》《王度记》《三正记》《别名记》《亲属记》《五帝记》（俱《白虎通》引），有《禘于太庙礼》（《少牢馈食礼注》引），有《王霸记》（《周礼注》引），有《昭穆》篇（《明堂月令论》引），有《号谥》篇（《风俗通》引），有《瑞命》篇（《论衡》引）。其与《小戴》重出者，除《投壶》《哀公问》两篇现存外，尚有《曲礼》（《汉书·王式传》引），《礼器》（《五经异义》引），《文王世子》（《毛诗豳谱正义》引），《祭义》（《汉书·韦元成传》及《白虎通·耕桑》引），《曾子问》（《白虎通·耕桑》引），《闲传》（《白虎通·性情》引），《檀弓》（《白虎通·崩薨》及《明堂月令论》引），《王制》（《白虎通·崩薨》引），凡此或明引《大戴》，或仅引篇名，而所引文为今《小戴》本所无，宜推定为出《大戴》者，据此则所佚篇名亦可得三之一矣。

《礼记》内容之分析

《礼记》为儒家者流一大丛书，内容所函颇复杂。今略析其重要之类别如下：

（甲）记述某项礼节条文之专篇。如《诸侯迁庙》《诸侯衅庙》《投壶》《奔丧》《公冠》等篇，《四库提要》谓"皆《礼古经》遗文"。虽无他证，要之当为春秋以前礼制书之断片，其性质略如《开元礼》《大清通礼》等之一篇。又如《内则》《少仪》《曲礼》等篇之一部分，亦记礼节条文，其性质略如《文公家礼》之一节。

（乙）记述某项政令之专篇。如《夏小正》《月令》等，其性质略如《大清会典》之一部门。

（丙）解释《礼经》之专篇。如《冠义》《昏义》《乡饮酒义》《射义》《燕义》《聘义》《丧服四制》等，实《仪礼》十七篇之传注。

（丁）专记孔子言论。如《表记》《缁衣》《仲尼燕居》《孔子闲居》等，其性质略如《论语》。又如《哀公问》及《孔子三朝记》之七篇——《千乘》《四代》《虞戴德》《诰志》《小辨》《用兵》《少间》——皆先秦儒家所传孔子传记之一部。其专记七十子言论如《曾子问》《子张问入官》《卫将军文子》等篇，亦此类之附属。

（戊）记孔门及时人杂事。如《檀弓》及《杂事（记）》之一部分，其性质略如《韩非子》之《内外储说》。

（己）制度之杂记载。如《王制》《玉藻》《明堂位》等。

（庚）制度礼节之专门的考证及杂考证。如《礼器》《郊特牲》《祭法》《祭统》《大传》《丧服记》《奔丧》《问丧》《间传》等。

（辛）通论礼意或学术。如《礼运》《礼祭》《经解》《礼三本》《祭义》《三年问》《乐记》《学记》《大学》《中庸》《劝学》《本命》《易本命》等。

（壬）杂记格言。如《曲礼》《少仪》《劝学》《儒行》等。

（癸）某项掌故之专记。如《五帝德》《帝系》《文王世子》《武王践阼》等。

《礼记》之原料及其时代

此一大丛书，当然非成于一人之手。《汉志》谓：“七十子后学者所记。”七十子以后之学者，其范围可直至戴德、戴圣、刘向也。其中有录自官书者，如《诸侯迁庙》《衅庙》等篇，虽未必《礼古经》遗文，要之当为某官守之掌籍也。如《文王官人》篇，与《逸周书》文略同，盖采自彼或与彼同采自某官书也。如《月令》与《吕览》《淮南》文同，必三书同采一古籍也。有从诸子书中录出者，例如《大戴》中《立事》至《天圆》十篇，皆冠以“曾子”，或即《汉志》“《曾子》十八篇”中之一部也。《中庸》《坊记》《表记》《缁衣》，据沈约谓皆取《子思子》，或即《汉志》"《子思》二十三篇"中之一部也。《史记正义》谓《乐记》为公孙尼子次撰，刘瓛谓《缁衣》公孙尼子作，即或《汉志》"《公孙尼子》二十八篇"之一部也。如《三年问》《礼三本》《乐记》《乡饮酒义》《劝学》等篇，或一部全部文同《荀子》，盖录自《荀子》也。如《保傅》及《礼察》之一部，文同贾谊《新书》，盖录自《新书》也（今本《新书》实赝品，但彼两篇文见贾生《陈政事疏》，可决为贾生作耳）。此外采自各专书者当尚多，惜古籍散佚，不能尽得其来历耳。

两《记》最古之篇，共推《夏小正》，谓与《禹贡》同为夏代遗文，果尔，则四千年之珍秘矣。然自朱熹、方孝孺已大疑之，谓恐出《月令》之后。其实《夏小正》年代勘验甚易，因篇中有纪星躔之文——如"正月，鞠则见，初昏参中，斗柄悬在下"，"三月，参则伏"，"四月昴则见，初昏南门正"等，天文家一推算，当可得其确年也。其最晚者，如《王制》，据卢植云，汉文帝时博士所作。虽尚有疑问，如《礼察》《保傅》之出汉人手，则证佐凿然（《礼察》篇有论秦亡语）。如《公冠》篇载"孝昭冠辞"，则为元凤四年以后所编著更不待问矣。要而论之，两《戴记》中作品，当以战国末、西汉初百余年间为中心，其中什之七八，则代表荀卿一派之儒学思想也。

《礼记》之编纂者及删定者

手编《礼记》者谁耶？汉、隋《志》《史》，汉《儒林传》及各注家皆未言及。唯魏张揖《上广雅表》云："周公著《尔雅》一篇。爰暨帝刘，鲁人叔孙通撰置《礼记》，文不违古。"（《尔雅》为《礼记》中一篇）。揖言必有所据。然则百三十一篇之编纂者或即叔孙通也，但通以后必仍多所增益，如《保傅》《礼察》《公冠》等明出孝文、孝昭后，是其显证。至次第续纂者何人？则不可考矣。

刘向校中书时所谓《礼记》，实合六部分而成。《隋志》云："向检得一百三十篇，因第而叙之。又得《明堂阴阳记》《孔子三朝记》《王氏、史氏记》《乐记》五种，合二百十四篇。"案《汉志·礼家》："《记》百三十一篇，《明堂阴阳》三十三篇，《王史氏》二十一篇。"《乐家》："《乐记》二十三篇。"《论语家》："《孔子三朝记》七篇。"凡二百十五篇（《隋志》少一篇）。今《三朝》七篇，明载《大戴》，而郑康成《礼记目录》有"此于《别录》属'明堂阴阳'……此于《别录》属'乐记'……"等语。知今本《礼记》各篇，不仅限于"记百三十一篇"之范围内，而《明堂阴阳》等五种皆被采入，故《礼记》实合六部丛书为一部丛书也。王氏、史氏盖皆叔孙通以后继续编纂之人，唯所纂皆在百三十一篇外耳。

　　大戴删刘向、小戴删大戴之说，起于《隋书·经籍志》。二戴武、宣时人，岂能删哀、平间向、歆所校之书？其谬盖不待辨。至小戴删大戴之说，据《隋志》谓："小戴删定为四十六篇，马融益以《月令》《明堂位》《乐记》乃成今本之四十九篇。"后人因有以今本《礼记》除《月令》《明堂位》《乐记》外余四十六篇皆先秦旧籍，唯此三篇为秦汉人作者。此说之所由起，盖以四十六合大戴未佚本之八十五恰为百三十一篇，乃因此附会也。然此说之不可通有二：其一，两《戴记》并非专以百三十一篇为原料，如《三朝记》之七篇、《明堂阴阳》之三十三篇、《乐记》二十三篇皆有所甄采，已具如前述。合两《戴》以就百三十一篇之数，则置书中所采《明堂》等五种诸篇于何地？其二，两《戴》各篇，并非相避，其最著者，《哀公问》《投壶》两篇，二本今皆见存，《曲礼》《礼器》等七篇（详见前《大戴》目录条附语），亦皆《大戴》逸目。又如《大戴》之《曾子大孝》篇全文见《小戴·祭义》，《诸侯衅庙》篇全文见《小戴·杂记》，《朝事》篇一部分（自"聘礼"至"诸侯务焉"），见《小戴·聘义》，《本事》篇一部分（自"有恩有义"至"圣人因杀以见节"），见《小戴·丧服四制》。其余互相出入之文尚多。然则二《戴》于百三十一篇之记，殆各以意去取，异同参差不必此之所弃即彼之所录，牵附篇数以求彼此相足，甚非其真也。

最后当讨论者，则为马融补三篇之问题。云马融补三篇者，盖务节《小戴》为四十六篇以合《大戴》之八十五求彼此相足，其削趾适履之情，既如前述。《小戴》四十六篇之说，不知何昉，藉曰有之，则《曲礼》《檀弓》《杂记》各有上下篇，故篇名仅四十六耳。《小戴》篇数之为四十九，则自西汉时已然。《后汉书·桥元传》云："七世祖仁，著《礼记章句》四十九篇，号曰桥君学。"仁，即班固所说小戴授梁人桥仁季卿者也。《曹褒传》云："父充持庆氏礼，褒又传《礼记》四十九篇教授诸生，庆氏学遂行于世。"则褒所受于庆普之《礼记》亦四十九篇也。孔颖达《正义》于《乐记》下云："按《别录》，《礼记》四十九篇。"则刘向所校定者正四十九篇也。而郑目录于《王制》下云："此于《别录》属制度。"于《月令》《明堂位》下并云："此于《别录》属明堂阴阳。"益足明此三篇为《别录》所原有，非增自马融也。内中《王制》篇之来历，据《正义》引卢植云："汉孝文皇帝令博士诸生作此书。"（《经典释文》引同）陈寿祺谓卢说本《史记·封禅书》。据《索隐》引刘向《别录》谓文帝所造书有《本制》《兵制》《服制》等篇，以今《王制》参检，绝不相合，非一书也（见《左海经辨》）。《月

令》篇之来历，据郑目录云："本《吕氏春秋》十二月
纪之首章也，以礼家好事抄合之，后人因题之名曰《礼
记》，言周公所作。其中官名、时事多不合周法。"
（篇中有"命太尉"语，太尉秦官，故郑君断此为秦人
书）寿祺亦力辩其非（文繁不引）。以吾论之，《王
制》《月令》非后汉人续补，殆为信谳。然恐是秦、
汉间作品。两《戴记》中秦汉作品甚多，又不独此二
篇也。后儒必欲强跻诸周公、孔子之林，非愚则诬耳。
尤有一事当附论者，《汉志》"《乐记》二十三篇"，
今采入《小戴》者只有一篇。郑目录云："此于《别
录》属《乐记》。"谓从二十三篇之《乐记》采出也。
《正义》云："盖合十一篇为一篇，谓有《乐本》，有
《乐论》，有《乐施》，有《乐言》，有《乐礼》，有
《乐情》，有《乐化》，有《乐象》，有《宾牟贾》，
有《师乙》，有《魏文侯》。"其余十二篇为《戴》所
不采，其名犹见《别录》，曰则《奏乐》第十二，《乐
器》第十三，《乐作》第十四，《意始》第十五，《乐
穆》第十六，《说律》第十七，《季札》第十八，《乐
道》第十九，《乐义》第二十，《昭本》第二十一，
《昭颂》第二十二，《窦公》第二十三也（并见《正
义》引）。观此尚可知当时与《礼记》对峙之《乐记》
其原形何如。今此十一篇者见采于《小戴》而幸存，其
中精粹语极多，余十二篇竟亡，甚可惜也。

211

以上关于《礼记》应考证之问题略竟。此书似未经刘歆、王肃之徒所窜乱，在古书中较为克葆其真者，此亦差强人意也。

《礼记》之价值

《礼记》之最大价值，在于能供给以研究战国、秦、汉间儒家者流——尤其是荀子一派——学术思想史之极丰富之资料。盖孔氏之学，在此期间始确立，亦在此期间而渐失其真。其蜕变之迹与其几，读此两《戴记》八十余篇最能明了也。今略举其要点如下：

一、孔门本以"礼"为人格教育之一工具，至荀子则更以此为唯一之工具。其末流乃至极烦琐极拘迁，乃至为小小仪节费几许记述几许辩争。读《曲礼》《檀弓》《玉藻》《礼器》《郊特牲》《内则》《少仪》《杂记》《曾子问》等篇之全部或一部分，其琐与迁实可惊。观此可见儒学之盛即其所以衰。

二、秦、汉间帝王好大喜功，"封禅""巡守""明堂""辟雍""正朔""服色"等之铺张的建设，多由儒生启之，儒生亦不能不广引古制以自张其军。故各篇中比较三代礼乐因革损益之文极多，而大抵属于虚文及琐节。但其间固自有发挥儒家之政法理想及理想的制度，极有价值者，如《王制》《礼运》等篇是也。

三、为提倡礼学起见，一方面讲求礼之条节，一方面推阐制礼之精意及其功用，以明礼教与人生之关系，使礼治主义能为合理的存在。此种工作，在两《戴记》中，颇有重要之发明及收获。《礼运》《乐记》《礼察》《礼三本》《大传》《三年问》《祭义》《祭统》等篇，其代表也。

四、孔子设教，唯重力行，及其门者，亲炙而受人格的感化，亦不汲汲以骛高玄精析之论。战国以还，"求知"的学风日昌，而各派所倡理论亦日复杂。儒家受其影响，亦竞进而为哲理的或科学的研究。孟、荀之论性论名实，此其大较也。两《戴记》中亦极能表现此趋势，如《中庸》《大学》《本命》《易本命》等篇，其代表也。

五、儒家束身制行之道及其教育之理论法则，所引申阐发者亦日多，而两《戴记》荟萃之，《大学》《学记》《劝学》《坊记》《表记》《缁衣》《儒行》……及《曾子》十篇等，其代表也。

要之，欲知儒家根本思想及其蜕变之迹，则除《论语》《孟子》《荀子》外，最要者实为两《礼记》。而《礼记》方面较多，故足供研究资料者亦较广。但研究《礼记》时有应注意两事：

第一，《记》中所述唐虞夏商制度，大率皆儒家推度之辞，不可轻认为历史上实事，即所述周制，亦未必文、武、周公之旧，大抵属于当时一部分社会通行者半，属于儒家理想者半，宜以极谨严的态度观之。

第二，各篇所记"子曰……""子言之……"等文，不必尽认为孔子之言。盖战国、秦、汉间孔子已渐带有"神话性"。许多神秘的事实皆附之于孔子，立言者亦每托孔子以自重，此其一。"子"为弟子述师之通称，七十子后学者于其本师，亦可称"子"。例如《中庸》《缁衣》……或言采自《子思子》，则篇中之"子"亦可认为指子思，不必定指孔子，此其二。即使果为孔子之言，而辗转相传，亦未必无附益或失真，此其三。要之全两部《礼记》所说，悉认为儒家言则可，认为孔子言则须审择也。

就此两点而论，《礼记》一书，未经汉以后人窜乱，诚视他书为易读。但其著作及编纂者之本身，或不免有若干之特别作用及成见，故障雾亦缘之而滋，读者仍须加一番鉴别也。

读《礼记》法

读《礼记》之人有三种：一、以治古代礼学为目的者；二、以治儒家学术思想史为目的者；三、以常识及修养应用为目的者。今分别略论其法：

以治古代礼学为目的而读《礼记》者：第一，当知

《礼记》乃解释《仪礼》之书，必须与《仪礼》合读。第二，须知《周礼》晚出不可信，万不可引《周礼》[①]以解《礼记》或难《礼记》，致自乱其系统。第三，当知《礼记》是一部乱杂的丛书，欲理清眉目，最好是分类纂钞，比较研究，略如唐魏徵《类礼》、元吴澄《礼记纂言》、清江永《礼书纲目》之例（魏徵书今佚，《唐书》本传云："尝以《小戴礼》综汇不伦，更作《类礼》二十篇……帝美其书，录寘内府。"《谏录》载太宗诏书云："以类相从，别为篇第，并更注解，文义粲然"）。第四，当知此丛书并非出自一人一时代之作，其中各述所闻见所主张，自然不免矛盾。故只宜随文研索，有异同者则并存之，不可强为会通，转生繆鞡。以上四义，不过随举所见，吾未尝治此学，不敢谓有心得也。居今日而治古代礼学，诚可不必，然欲研究古代社会史或宗教史者，则礼学实为极重要之研究对象，未可以为僵石而吐弃之也。

以治儒家学术思想史为目的而读《礼记》者，当略以吾前段所举之五事为范围。其条目则（一）儒家对

①　编者按：西汉景帝、武帝之际，河间献王刘德从民间征得一批古书，其中一部名为《周官》，原书《冬官篇》亡，汉儒取《考工记》补其缺。王莽时，被列入学官，并更名为《周礼》。东汉之后，成为三礼之首。近世出土文物中，多与《周礼》所记名物制度相合，证明了《周礼》的内容大多可信。

于礼之观念；（二）儒家争辩礼节之态度及其结果；
（三）儒家之理想的礼治主义及其制度；（四）礼教与
哲学等等。先标出若干门目而鸟瞰全书，综析其资料，
庶可以见彼时代一家学派之真相也。

以常识或修养应用为目的而读《礼记》者，因《小
戴记》四十九篇，自唐以来号为"大经"，自明以来列
为五经之一，诵习之广，次于《诗》《书》，久已形成
国民常识之一部，其中精粹语有裨于身心修养及应事接
物之用者不少，故吾辈宜宝而读之。唯其书繁重且干燥
无味者过半，势不能以全读。吾故不避僭妄，为欲读者
区其等第如下。

第一等：《大学》《中庸》《学记》《乐记》《礼
运》《王制》。

第二等：《经解》《坊记》《表记》《缁衣》《儒
行》《大传》，《礼器》之一部分，《祭义》之一部分。

第三等：《曲礼》之一部分，《月令》，《檀弓》
之一部分。

第四等：其他。

吾愿学者于第一等诸篇精读，第二、三等摘读，第
四等或竟不读可也。上有分等，吾自知为极不科学的、
极不论理的、极狂妄的，吾并非对于诸篇有所轩轾。问
吾以何为标准？吾亦不能回答。吾唯觉《礼记》为青年
不可不读之书，而又为万不能全读之书，吾但以吾之主

观的意见，设此方便耳。通人责备，不敢辞也。（上专就《小戴记》言，其《大戴》各篇则三、四等居多也）。

《礼记》注释书，至今尚无出郑注、孔疏右者。若非专门研究家，则宜先读白文，有不解则参阅注疏可耳。若专治礼学，则清儒关于三《礼》之良著颇多，恕不悉举也。

《大戴礼记》因传习夙稀，旧无善注，且讹误滋多。清儒卢文弨、戴震先后校勘，始渐可读。孔广森《大戴礼记补注》，汪照《大戴礼记补注》，皆良著也。

《易》①

孔子以前的《易》，仅有六十四卦，带着那六十四条卦辞、三百八十四条爻辞，内中到底含有多少哲理无从揣测。《易》成为一种有系统的哲学，自孔子始。

《史记·孔子世家》说："孔子晚而喜《易》……序《彖》《象》《系辞》《文言》。读《易》，韦编三绝。曰：'假我数年，若是，我于《易》则彬彬矣。'"这段话亦见《论语》。可见孔子治《易》是在晚年。他所建设《易》的哲学是否完成，尚未可知，但我们从他所序的《彖》《象》《系辞》《文言》中②，大略可以寻出他的哲学系统来。今分论如下。

---

① 本文节选自梁启超《孔子》。

② 编者按：关于《易》的成书，近现代学者认为卦爻辞作于周初，《易传》作于春秋战国间，经传作者均非一人，经过多时多人加工编纂而成。加之出土简帛中有大量孔子与《易经》关系的证明，《易传》中也有大量的"子曰"，因此，金景芳等现当代学者都主张《十翼》不必为孔子所手订，但反映的是孔门儒家思想。

易体

印度、欧洲的哲学家以及我国古代的老子、后世的宋儒，都喜欢研究宇宙本体是什么，独孔子说：

> 神无方而易无体。（《易·系辞上》）

孔子所谓"易"，自然是"宇宙万有"的代名词，他却直截了当下一个断案，说宇宙万有是没有本体的。这种主张，不唯与古代天帝主宰的思想不同，即与老子"有物混成""其中有物""其中有精""其精甚真"的思想亦异，真算得思想界一大革命。宇宙本体有没有，原是往古来今打不清楚的官司，就算是有，也断不是拿知识判断得来。那么，便是学问以外的事。所以讲学问的人，只好把这第一原因搁下，从第一现象说起。孔子说"易无体"，怕也是这个意思。然则无体的易，从哪里来呢？孔子说：

> 生生之谓易。（《易·系辞上》）

拿现在流行语翻译它，说的是："生活就是宇宙，宇宙就是生活。"这句话怎么解呢？《论语》有个譬喻最好：

> 子在川上曰：逝者如斯夫，不舍昼夜。（《子罕》篇）

譬如我们在京汉铁路黄河桥上看见滔滔混混的水，叫它作黄河。这黄河有本体没有呢？照常识论，目前看见的水，就是它本体。但黄河从昆仑发源，合了几百条川流才到这里，那些川流的水，原只是这水，为什么不叫它黄河呢？黄河东流入黄海，连着就是太平洋、印度洋，为什么不都叫作黄河呢？然则想从水所占的空间指出哪些水是黄河本体，了不可得。换过来，从时间一方面看，现在在桥下的水，像可以叫作黄河了。但什么是现在，却大有问题。李太白有两句好诗，说："前水复后水，古今相续流。"时间是相续的东西，细细分析下去，可以说只有过去，只有未来，并无现在。因为才说这一刹那是现在，却早已过去了。要说这一刹那是现在，却还属未来。所以想从时间指出哪些水是黄河本体，也了不可得。孔子说的"逝者如斯"，正是此意，所以说易无体。

然则什么是黄河？水之相续不断的动相，就是黄河。好像演电影，无数的影片，连续不断地在那里动，若把它的动相停了，光看那断片，便毫无意义了。现代大哲柏格森，常拿这种譬喻来说明他的宇宙观、人生观，自命为"流动哲学"。他的立脚点，和孔子很相类。孔子这部哲学书，名叫作《易》。"易"就是变，就是动。一个"逝"字，一个"生"字，动的原理都包尽。方生方逝，方逝方生；非逝不生，非生不逝。人身内血轮细胞乃至肌骨毛发日日逝、日日生，人心中的意识，前念逝后念生。孔子以为宇宙所以成立，就是在此，所以叫作《易》。"易学"两个字翻译出来，就是流动哲学。

《易》所说既是宇宙的动相，这动相却从哪里来呢？原来宇宙间有两种相对待的力，现代科学家名之为"正负"，或名之为"积极""消极"。易学家则名之为"阴阳"，或名之为"消息"、为"刚柔"、为"往复"、为"阖辟"、为"屈伸"。那正的、积极的、阳的、息的、刚的、复的、辟的、伸的，是指生生不已的力，拿一个"——"符号来代表它，叠起来成个"☰"卦，名曰"乾"。那负的、消极的、阴的、消的、柔的、往的、阖的、屈的，是指逝者如斯的力，拿一个"— —"符号来代表它，叠起来成个"☷"卦，名曰"坤"。这两个符号，不单是代表正负两面，还代表全体和部分的观念。

《说卦》传说："立天之道，曰阴与阳；立地之道，曰柔与刚；立人之道，曰仁与义。"仁者，人也；义者，我也。什么是人？凡与我同类的这一种动物都叫作人。什么是我？在这全体里头各人划出一部分作为自己，便叫作我。人类一切道德，或是为增进全体利益之用，或是为发达个性之用，总不出"人""我"两途，所以叫作仁义。然而人我两观念，亦实由正负而来。人即我之正，我即人之负。非将我推演去，现不出人相，非把人的属性说明，现不出我相。所以人我原只是正负两面。《易经》的要旨，说这两种力互相吸引，互相排拒，宇宙间一切物象事象，都从此发生。所以说阖户谓之"坤"，辟户谓之"乾"，一阖一辟谓之"变"，说刚柔相推而生变化。此外还说许多相摩相荡相搏相错相攻相取相感相得相逮不相射不相悖，都是形容这两种力的动相。以为这两种力对待，宇宙自然成立；若把这两种力去掉，便连宇宙这个名都没有了。所以说：

> 乾坤，其易之缊耶？乾坤成列，而易行乎其中矣。乾坤废则无以见易。（《易·系辞上》）

据上所述，可见一部《易经》，所讲全是动的学问。后来宋儒搬了道士的太极图来说"易"，造出"主静立人极"的话，恰恰和孔子的易相反了。

然则《系辞》传说："易有太极，是生两仪。两仪生四象，四象生八卦。"这几句话怎么讲呢？《说文》说："极，栋也。""栋"是屋顶的横梁，太极就指这一画的"—"符，无可疑了。怎么太极生两仪呢？两仪是"—""——"两个符号。"生"字意义，和老子的一生二正同，并非"太极→两仪"乃是"太极←两仪"。

因为无负的观念，便表不出正的观念，所以有太极自然有两仪，两仪就是太极的正负两面。怎么两仪生四象呢？第一个象是全阳，第二个象是全阴，第三个象是阴多阳少，第四个象是阴少阳多。从这四个象，生出八个卦来，易理就从此发生了。

卦与象

将"—""— —"两个符号错综三叠起来，成了八个卦：

☰乾　　☳震　　☵坎　　☶艮

☷坤　　☴巽　　☲离　　☱兑

再因而重之，更把它相错起来，成了六十四卦。卦的作用全在象。什么是象？乾天、坤地、震雷、巽风、坎水、离火、艮山、兑泽，这八种算是主象。此外有许多副象——如龙为乾象、马为坤象、木为震象之类。散见于爻辞及杂卦传者甚多，这类都是表示形体的象，可以名之为物象。还有表示性质及意识的象，如乾健、坤顺、震动、巽入、坎陷、离丽、艮止、兑说，以及震为决躁，坎为隐伏、为加忧等，都可以名之为事象。这些"象"如代数的x、y、a、b、c、d，如琴谱之c、r、m、f、s、l、t、d，都是一种代表符号。要先明白它，才可以谈易理。

韩宣子在鲁国看的《易》，名曰《易象》。《系辞》传说"易也者，象也"。可见易只是象，象外无易。要知道象的作用重要，须先明白"象"字的意义。《韩非子》说："人希见生象也，而案其图以想其生，故诸人之所以意想者，皆谓之象。"（《解老》篇）人看见种种事物，便有一个印象在心目中。所印的象，是那事物的状态，由我们主观的意识看出来，这是象的本义。有了这印象，要把它摹写表现出来，力求其像。《系辞下》传"象"字的解释说："象也者，像也。"《系辞上》传说："天地变化，圣人效之。天垂象，见吉凶圣人象之。"这是引申义，含有效法的意思。《易》的象，兼这两义，以为一切变动进化之迹，都有各种状态来表现它，所以说"易者，象也"（罗素说宇宙万有都是一种事实Events的结集，颇似易说）。又以为这种状态，都根本于自然法则，我们应该效法它，所以说"象也者，像也"。合这两义，便是易象的作用。

《系辞》传说，以制器者尚其象。象的最初作用，是取象于天然状态，造出种种器物。《系辞》传举十三卦作例：

> 作结绳而为罔罟……盖取诸离。
>
> 斩木为耜，揉木为耒……盖取诸益。
>
> 日中为市……盖取诸噬嗑。
>
> 垂衣裳而天下治，盖取诸乾坤。
>
> 刳木为舟，剡木为楫……盖取诸涣。
>
> 服牛乘马，引重致远……盖取诸随。
>
> 重门击柝，以待暴客，盖取诸豫。
>
> 断木为杵，掘地为臼……盖取诸小过。
>
> 弦木为弧，剡木为矢……盖取诸睽。
>
> 上古穴居而野处，后世圣人易之以宫室……盖

取诸大壮。

　　古之葬者，厚衣之以薪，葬之中野……后世圣
人易之以棺椁……盖取诸大过。

　　上古结绳而治，后世圣人易之以书契……盖取
诸夬。

这都是看见一种象，从而象（像）之。例如上巽下
坎的涣卦☵☴，有"木在水上，流行若风"之象（《九家
易》），因此效法它制出舟楫来。又如上震下艮的小过
卦☶☳，有"木上动，土下止"之象（《朱子说》），
因此效法它制出杵臼来。孔子举这几个例，证明一切器
物，都由取象而来。不唯如此，种种制度，种种道德观
念，皆从象生。所以六十四条象传，都是发明此理。例
如乾卦有天体运行之象，便效法它自强不息。坤卦有地
势持载之象，便效法它厚德载物。豫卦☷☳是雷出地奋，
表发扬之象，便效法它作乐崇德。复卦☷☳是雷在地中，
表蛰息之象，便效法它第七日放假。至日闭关，商旅不
行，后不省方，既济卦有成功之象，愈成功愈要谨慎，
所以思患而预防之（小畜卦孔疏云："凡大象，君子所
取之义，或取二卦之象而法之者。若'地中有水，师，
君子以容民畜众'，取卦象包容之义；若履卦象云'上
天下泽，履，君子以辩上下'，取上下尊卑之义。……
或直取卦名，因其卦义所有，君子法之……若《讼卦》
云'君子以作事谋始'，防其所讼之源，不取'天与水

违行'之象……余皆仿此。"按此说甚通）。诸如此类，都是借物象、事象的触发，生出种种制度和道德标准。所以说"夫易，开物成务，冒天下之道"，又说："见乃谓之象，形乃谓之器，制而用之谓之法，利用出入，民咸用之，谓之神。"（胡适之说：一部《易经》只是一个象字，这话很对。他说象，也说得很好。但他说古今说易的人不懂此理，未免失检。《系辞》传"盖取诸离"下孔疏云："诸儒象卦制器，皆取卦之爻象之体，今韩氏之意，直取卦名。"按上系云以制器者尚其众，则取象不取名也。据此知孔颖达所见从前诸儒之说，皆取象为解。即孔疏解六十四象传亦什九皆取上下卦象，若程传则例尤严，无一卦不以象训释矣。胡氏所举之各卦意象亦多前人已言者）

爻与辞

《系辞》传说："圣人设卦观象，系辞焉而明吉凶。"又说："易有四象，所以示也，系辞焉，所以告也。"又说："圣人立象以尽意……系辞焉，以尽其言。"又说："君子居则观其象而玩其辞。"读此可知，辞与象并重了。辞有两种：一卦辞，如"乾：元亨利贞"。二爻辞，如"初九：潜龙勿用"……卦辞比较简单，爻辞便复杂到了不得了。要研究爻辞，先要懂得辞的界说。《系辞》传有一句最要紧，说道：

> 辞也者，各指其所之。

之，往也。言辞各指示卦爻之所往。《左传》记卜筮事，所谓"遇大有之睽""遇观之否"，等等，就是这个"之"字。由大有往睽，由观往否，即大有变成睽，观变成否也。然则卦爻为什么有"之"呢？"之"有什么公例呢？这却要很费周折才能说明。

第一，须知每卦六爻，有所谓位。最低那一画叫做初爻，倒数上去，二三四五。到顶上那一画，叫作上爻。《文言》说"六位时成"，就是指这六爻的位。

第二，六位中最主要的是第五位，算是一卦之主。其次第二位，是与五相应的。《系辞》传说"列贵贱者存乎位"，每卦五位最贵，二位次之，其他皆贱。《系辞》传所谓"非其中爻不备，二五皆中爻也"。

第三，卦爻的之，有一定法则。二与五相之，初与四相之，三与上相之，因为它是同位。《系辞》传说："二与四同功而异位，三与五同功而异位。"因是异位，所以二与四，三与五，是不能相之的。像下象棋，各种子各有它的走法，后儒讲的卦变飞伏互体，等等，随意乱之，便是"马行田、卒回头"了。

第四，为什么有之呢？卦中各爻已定位者不之，未定位者才有之。怎么叫作定位未定位呢？易经以一阴一阳相间排比成既济算是定位，所以它的卦名叫作"既济"。既济卦是六爻都无可之了。反之，未济卦是六爻皆可之。其余各卦，最少的有一爻可之，最多的有五爻可之。如乾卦是二四上三爻可之，坤卦是初三五三爻可之。余仿此。

第五，之的法则，最简单的是本卦各爻相之。如未济卦，初之四、二之五、三之上，便成了既济了。若仅二与五相之，就变成上乾下坤的泰卦，这就是未济之泰。但别的卦，却不能如此直截。例如乾二之五、四之初、上之三，依然是阳爻，不是和没有变一样吗？所以要生出相错旁通的法则来。

第六，《系辞》传说八卦相错，《文言》传说六爻发挥旁通，这是研究辞的所之一个要紧关键。旁通的原则，是拿两个各爻恰恰相反的卦，平列起来，彼此互通。例如：

两两反对，恰成配偶。但不止此，还要将八卦相错起来旁通。例如乾、坤、坎、离四卦相错，成了：

八个卦，也是两两反对，恰成配偶，所以同人与师

旁通，讼与明夷旁通，比与大有旁通，需与晋旁通，凡旁通是要各从其偶，万万不能乱来的。

第七，旁通也要按着位。二通五，初通四，三通上，不能越位乱通。例如乾的二爻是可动的，和坤旁通，把坤的五爻通了过来，变成同人，这就是乾之同人。

第八，爻的所之，分为当位、失道两大类。二五先动，然后初四或上三和它相应，叫作当位。二五未动，而初四上三先动，叫做失道。二五动了，而初四上三不和它相应，也叫失道。但头道是可以补救的，别爻有变，可以还归当位。所以《系辞》传说"化而裁之存乎变"，变的法则更复杂了，旁通之中又有旁通（例如乾坤旁通成同人，同人又与师旁通）。所以《系辞》传说"易之为书也不可远，为道也屡迁，变动不居，周流六虚，上下无常，刚柔相易，不可为典要，唯变所适"。

以上把所之两字大略说明，然后可以讲到辞的作用了。辞也者，各指其所之。指的什么呢？《系辞》传说："辨吉凶者存乎辞。"又说："系辞焉以断其吉凶。"辞的作用，就是察验所之之当位或失道，指出它的吉凶来下断案。易辞的断案有十一种：

元、亨、利、贞、吉、凶、悔、吝、厉、孚、无咎。

所谓辨，就是辨这十一种。所谓断，就是断这十一种。而学易的人，最要紧却在一个悔字。悔必思变，变则通，通则久，故虽逞凶吝，结果可以无咎。所以孔子说，假年学《易》，可以无大过。

【附言】以上大抵采用清儒焦循之说。循著有《易通释》《易图略》等书，专发明旁通变化之例，对于汉儒的方士易，宋儒的道士易（胡适所命名极有趣），一概排落，专务以经解经，以传解经。循又深于数学，用数学的头脑来说易，更觉精密。王引之评他"凿破混沌，扫除云雾""足使株守汉学而不求是者爽然自失"，这话对极了。依我看，焦氏解爻辞最好，依着他条条差不多都可通。他解卦辞及《大象》都不好，因为原文讲的是卦象，他却泥着各指其所之来求它，便许多窒碍了。要之古今说《易》之书，我是推他第一了。他所著《易话》，有一条拿象棋谱来比《易》的辞，极有理致。

原来的卦辞爻辞，大率举一个象，下一个断案。例如乾卦"初九，潜龙勿用""上九，亢龙有悔"，初九的象是潜龙，给它个断案说，应该勿用；上九的象是亢龙，给它个断案说，这便有悔。孔子作《易传》，是因这些辞求出它所以然之故。为什么潜龙该勿用呢？因为阳在下也。为什么亢龙便有悔呢？因为盈不可久也。若再问为什么盈不可久呢？这篇传虽然没有答，别篇传却有之。《象·谦》说："天道亏盈而益谦……人道恶盈而好谦。"若再问为什么"天道亏盈益谦"呢？他跟着答，因为"谦尊而光，卑而不可逾"。《系辞》传说：

"仰以观于天文，俯以察于地理，是故知幽明之故。"又说："感而遂通天下之故。"又说："明于天之道，而察于民之故。"又说："明于忧患与故。"这四个"故"字，就是说的所以然之故。一部《十翼》，就算是发明一个"故"字。有人说，孔子只说这事应该如此做，不问为什么应该如此做。这话未免冤枉孔子了，两篇《彖》传，两篇《象》传，和《文言》传、《系辞》传中解经的话，哪一句不是解答为什么的问题？做学问不问个为什么，还要得吗？孔子虽不肖，何至如此？

若问孔子怎么样能求出这"故"呢？我说，他全是用的归纳法。最紧要的法门，就是《系辞》传说的"近取诸身，远取诸物"。怎么取法呢？《彖》传说："万物睽，而其事类也。"《象》传说："君子以类族辨物。"《系辞》传说："方以类聚，物以群分。"又说："以类万物之情。"又说："其称名也，杂而不越，于稽其类。"这是说宇宙万有，虽像是各各隔离，却总有相同之处；要把各种事物分出类来，研究它的共相。又说："参伍以变，错综其数。通其变，遂成天地之文；极其数，遂定天下之象。"又说："引而申之，触类而长之。"这是把各种事物参验比较，研究它的别相，和它的相互关系。又说："夫易彰往而察来，而微显阐幽。开而当名，辨物正言，断辞则备矣。"这是经排比、参较的结果，才下正确的断案。正名主义，算是完成了。焦循说"孔子读《易》，韦编三绝"，都是因为反复检验比较，所以连牛皮绳都断了三回（《易广记》），这话很有理智。我们看孔子治《易》的方法，可以推到做一切学问的方法了。

繁变与易简

照上两段讲来，一部《易经》可谓麻烦极了。六十四卦，就有六十四种象，而且一卦不止一象（例如随卦有"向晦入宴息"的象，又有"服牛乘马，引重致远"的象）。卦象就不止百数，三百八十四爻，就有三百八十四种象。而且之来之去，之一处便变一个象，相错又相错，旁通又旁通。而且听人"神而明之"，听人"唯变所适"。你想这一闹不是真闹到千头万绪没有结束了吗？孔子说：

> 言天下之至赜而不可恶也，言天下之至动而不可乱也。（《易·系辞上》）

他说：繁赜是繁赜极了，不必嫌它。变动是变动极了，却不会乱。为什么不可恶不可乱呢？他说：

> 易曰："憧憧往来，朋从尔思。"子曰："天下何思何虑？天下同归而殊途，一致而百虑，天下何思何虑？"（《易·系辞下》）

然则怎样才能同归、才能一致呢？他跟着说：

> 日往则月来，月往则日来，日月相推而明生
> 焉。寒往则暑来，暑往则寒来，寒暑相推而岁成
> 焉。往者屈也，来者信（同伸）也，屈信相感而利
> 生焉。（《易·系辞下》）

物象事象虽然至赜至动，其实不外两种对待的
力——一正一负，在那里往来屈伸，相推相感。两种力
是什么？它的符号，就是乾坤；乾以易知，坤以简能。
天下再没有比它更简易的了，所以说：

> 天下之动，贞夫一者也。夫乾，确然示人易
> 矣；夫坤，颓然示人简矣。爻也者，效此者也；象
> 也者，像此者也。（《易·系辞下》）

孔子的意思说，许多皮带，许多轮子在那里动，其
实只是一个总的发动机。你看，那代表"━"符号的
乾，不是给我一个极易的名相吗？那代表"━ ━"符号
的坤，不是给我们一个极简的名相吗？无论什么象，不
过是像它；无论什么爻，不过是效它。这可以证明殊途
而同归、百虑而一致，至赜而不可恶，至动而不可乱
了，这便是一以贯之的学问。

咸、恒两卦的《象》，各有一句话，文义全同，仅
换一字。说道：

> 观其所感，而天地万物之情可见矣。
（《象·咸》）

> 观其所恒，而天地万物之情可见矣。

（《象·恒》）

所感，是天地万物的动相。所恒，是它的静相。这两句话极精妙。其实亦只是一阖一辟、一往一来、一屈一伸，与乾坤同一理。咸恒列在下经之首，和上经的乾坤相对，确有精意。

最后的卦是未济，未济之前是既济，这也极有道理。到了既济，六爻的位都定了，动相完全停止。所以讲旁通的易理，最忌是变成两既济。凡各卦各爻的所之，若有变成两既济的征兆，《象》总说它是其道穷，所以拿未济放在最后头。未济使六爻都大变而特变了。象传两言终则有始，就是此意。

这样看来，易学也可以叫作数理哲学。孔子的思想，全从《诗经》"有物有则"这句话生出来，以为宇宙事物，都有它本身自然法则。好像数学上一定的式，我们依着这式做去，再不会错。算式千变万化，至于无穷。所用的法，不外加减乘除；所得的数，不外正负。看起来，像是极繁，实际乃是极简。所以郑康成说："易"字有三个意义：一是变易，二是简易，三是不易。其实三个意义，也可以说只是一个。

孔子以为用这种易学，可以把宇宙自然法则研究出来，应用到人类的生活，所以用许多话来赞美它，说道：

与天地相似，故不违，知周乎万物，而道济天下，故不过。（《易·系辞上》）

范围天地之化而不过，曲成万物而不遗。
（《易·系辞上》）

夫"易"，圣人之所以极深而研几也。唯深也，故能通天下之志；唯几也，故能成天下之务。
（《易·系辞上》）

形而上者谓之道，形而下者谓之器，化而裁之谓之变，推而行之谓之通，举而措之天下之民，谓之事业。（《易·系辞上》）

然则易学在世界哲学史上有多少价值呢？我学力不够，不敢妄下批评。但我对于孔子的《易》，有两点怀疑：第一，易学的立脚点在"因果律"，它的价值之大小，和因果律价值之大小成比例。到底因果律的权威，是否有这种绝对不可抗力，我们还不敢深信。第二，人类的文化，是否由模仿自然产生出来——例如是否因看见风行水上才造舟楫，是否因看见木上动土下止才造杵臼。这种次序，是否倒置，认自然法则为尽美尽善，劝人摹仿它；是否适合于人类进化的功用，我们也不敢深信。我想，论易学，应该用这两点来定它价值。但在二千年前，有这种繁变而简易的头脑，我们是除了敬服之外，更无别话了。

《春秋》①

孔子与《春秋》

孔子政治上根本观念，在《礼记·礼运》的发端。今全录其文如下：

> 昔者仲尼与于蜡宾，事毕，出游于观之上，喟然而叹。……言偃在侧，曰："君子何叹？"孔子曰："大道之行也，与三代之英，丘未之逮也，而有志焉。"

> 大道之行也，天下为公。选贤与能，讲信修睦。故人不独亲其亲，不独子其子，使老有所终，壮有所用，幼有所长，矜寡孤独废疾者皆有所养，男有分，女有归。货恶其弃于地也，不必藏于己；力恶其不出于身也，不必为己。是故谋闭而不兴，盗窃乱贼而不作，故外户而不闭，是谓大同。

> 今大道既隐，天下为家，各亲其亲，各子其

---

① 本文节选自梁启超《孔子》。

子，货力为己。大人世及以为礼，城郭沟池以为
固，礼义以为纪；以正君臣，以笃父子，以睦兄
弟，以和夫妇，以设制度，以立田里，以贤勇知，
以功为己。故谋用是作，而兵由此起。禹汤文武成
王周公，由此其选也。此六君子者，未有不谨于礼
者也。以著其义，以考其信，著有过，刑仁讲让，
示民有常。如有不由此者，在埶者去，众以为殃。
是谓小康。

我们从前心目中的孔子，总以为他是一位专门讲究
伦常提倡礼教的人，甚者以为他是主张三纲专制、极端
的保守党。你听他说："礼义以为纪，以正君臣……"
等等，都是大道既隐的现象。因为这些，"故谋用是
作，而兵由此起"，这不是和老子的"大道废有仁
义""失德而后仁"同一见解吗？因此可知，孔子讲的
伦常礼教，都不过因势利导补偏救敝之议，并非他的根
本主义。

孔子心目中理想的社会就是头一段所讲的"大
同"。大同社会怎样呢？天下为公，选贤与能，自然是
绝对的德谟克拉西了。讲信修睦，自然是绝对的平和主
义，非军国主义了。大同社会，是要以人为单位不以家
族为单位的，所以不独亲其亲，不独子其子，儿童是要
公育，老弱废疾是要公养，壮丁却要人人执一项职业。
男女是平等的，男有男的职分，女有女的归宿。生产是

要提倡的，总不使货弃于地，但私有财产制度是不好的，所以不必藏诸己。劳作是神圣的，力不出于身的人最可恶，但劳作的目的是为公益不是为私利，所以不必为己。这几项便是孔子对于政治上经济上的根本主义。他本来希望自己握政权，随便用哪一国都可以做个模范国，但始终不得这机会，所以偶然参观乡下人年底的宴会，触动他的"平民主义"，就发这段感慨。后来作《春秋》，也许是因这个动机。

大同、小康不同之点：第一，小康是阶级主义，大同是平等主义。第二，小康是私有主义，大同是互助主义。第三，小康是国家家族主义，大同是世界主义。把《礼运》两段比勘，意义甚明。

《论语》这部书，像是有子、曾子的门人记的，有几重形式。曾子很拘谨，所以孔子许多微言大义，没有记在里头。但内中也有一两处，可以与大同主义相发明。如：

> 不患寡而患不均，不患贫而患不安。盖均无贫，和无寡，安无倾。（《季氏》篇）

董仲舒解这几句最好，他说："有所积重，则有所空虚矣。大富则骄，大贫则忧……"（《春秋繁露·调均》）

经济论注重分配，怕算孔子最古了。

《论语》还有一章，和大同主义很有关系。

颜渊、季路侍。子曰："盍各言尔志？"子路曰："愿车马衣轻裘，与朋友共，敝之而无憾。"颜渊曰："愿无伐善，无施劳。"子路曰："愿闻子之志。"子曰："老者安之，朋友信之，少者怀之。"（《公冶长》篇）

子路讲的，就是货恶其弃于地也，不必藏诸己。颜渊讲的，就是力恶其不出于身也，不必为己。孔子讲的，就是不独亲其亲、不独子其子，使老有所终、壮有所用、幼有所长，这都是大同主义。质言之，都是把私有的观念根本打破。我这解释，敢信绝非附会。因为孔门两位大弟子和老先生言志，当然所讲都是最胜义谛。

小康在《春秋》书中叫作"升平"，大同叫作"太平"。要明白这两种分别，然后《春秋》可读。后来儒家两大师，孟子所说，比较的多言大同主义；荀子所说，比较的多言小康主义。这是后世孔学消长一个关键。

《春秋》的性质

要研究《春秋》，须明白这部书的性质。今将重要的几点说明：

第一，《春秋》非史。自汉以后，最通行的误解，都说《春秋》是记事的史书。如果《春秋》是史书，那么，最拙劣诬罔的史家，就莫过于孔子，王安石骂《春

秋》是断烂朝报还太恭维了。例如天王狩于河阳，明明
是晋文公传见周天子，他却说天子出来行猎。如甲戌、
己丑陈侯鲍卒，一个人怎会死两回呢？史家天职，在于
记实事，这样做法，还能算信史吗？认《春秋》是史，
是把"春秋学"也毁了，把史学也毁了。

第二，《春秋》是孔子改制明义之书。然则《春
秋》到底是一部什么书呢？《春秋》是孔子的政治理
想，借记述史事的形式现出来。孟子说：

> 王者之迹熄而《诗》亡，《诗》亡然后《春秋》
> 作。晋之《乘》，楚之《梼杌》，鲁之《春秋》，一
> 也。其事则齐桓、晋文，其文则史。孔子曰："其义
> 则丘窃取之矣。"（《孟子·离娄下》）

这是说，鲁国本来有一部《春秋》，和晋《乘》、
楚《梼杌》一样；孔子的《春秋》，表面上的事与文，
也是和它一样。至于义，却是孔子所特有了。义怎么特
有呢？孟子又说：

> 《春秋》，天子之事也。是故孔子曰："知
> 我者，其惟《春秋》乎？罪我者，其惟《春秋》
> 乎？"（《孟子·滕文公下》）

《春秋》不过一位学者的著述，为什么说是天子之
事？后人读《春秋》，知孔子罢了。为什么又会罪孔子
呢？因为《春秋》是一部含有革命性的政治书，要借它
来建设一个孔子的理想国，所以说是天子之事。一位学

者做这种事业，已是骇人听闻，况且其中还有许多非常异义可怪之论（何休《公羊解诂序》），所以知我罪我，都由此起。细读《孟子》这两段话，《春秋》性质，大略可明了。但孔子改制，是普为后世立法，并不专为哪一朝代。后来汉的春秋家，说孔子为汉制作，杂引纬书中许多矫诬之说，却非本来的经义。

第三，治《春秋》当宗《公羊传》。现在所称《春秋》三传，谓《公羊》《穀梁》《左氏》。然而汉一代，传者独有《公羊》。《穀梁》传授，已不甚可信。若《左传》者，其著书之人姓左丘，其书名《国语》，与《春秋》无涉。故司马迁但言"左丘失明，厥有《国语》"（《报任安书》）。西汉末诸博士皆言左氏不传《春秋》（刘歆《移书让太常博士》），因刘歆欲佐王莽篡汉，恶《春秋》之义，不便于己。乃将分国记事之《左传》，割裂增窜，变为编年解经之书，名曰《左氏传》。说孔子这部《春秋》，专据史官旧文，凭各国赴告，自是《春秋》真成了断烂朝报了。所以欲明《春秋》，唯当以《公羊传》为主，再拿《穀梁传》和《春秋繁露》参证。何休的《公羊传解诂》，传自胡毋生，也多半可信据。

第四，《春秋》之微言大义，传在口说。司马迁说：孔子次春秋"……以制义法，王道备，人事浃。七十子之徒，口受其传指"（《史记·十二诸侯年表序》）。所以治《春秋》非求他的口说不可。为什么专用口说呢？《公羊传》说："定、哀多微辞。"（《公羊传·定元年》）董生说："义不讪上，智不危身。"（《春秋繁露·楚庄王》）太史公说："为有所刺讥褒讳挹损之文辞，不可以书见也。"（《史记·十二诸侯年表》）据此或因在专制政治之下，有许多非常异义可怪之论不便写出来，也未可知。但据我看，不专为此，实因当时未有纸墨，专恃刻简，传写不便，故著书务求其简。老子将许多道理，缩为五千言，也就为此。孔子《春秋》之义，如此之复杂，全写出来，倒不便传授，所以一切意义，都拿字句的体例表示它。《春秋》口授传指，想是为此。既已代代口授，难保无漏失、无附增、无误谬，所以现在的《公羊传》，我们不敢说它个个字都是孔子口说，也许有战国、西汉的儒者把自己意思添入；孔子的微言大义，也不见得都收在里头。但除了它更无可据，只得以它为主，参以《孟子》《董子》等书，总可以见春秋学说的大概了。

第五，未修《春秋》与既修《春秋》。庄七年《公羊传》云："不修《春秋》曰：雨星不及地尺而复。君子修之曰：星霣如雨……"所谓不修《春秋》者，就是孟子说的晋之《乘》、楚之《梼杌》、鲁之《春秋》，亦即墨子说的周之《春秋》、郑之《春秋》、燕之《春秋》、宋之《春秋》（何氏《解诂》云："不修

《春秋》，谓史记也。"古者谓史记为春秋）。孔子作《春秋》，是拿鲁史原本来修改一编，所修改之处，微言大义便寄记在里头。作传的人还及见鲁史原本，故引来作证。现在原文是没有了，但据《传》及《解诂》，还可推测一二。例如第一条"元年春王正月"。（《春秋·隐元年》）不修《春秋》，疑当作："一年春一月公即位"。何以见得呢？据《传》发问："元年者何……"《解诂》说明："变一为元者……"知鲁史本作"一年"，孔子修之，将"一"字变为"元"字。表示什么意思呢？《解诂》说："明王者，当继天奉元，养成万物。"表以天道节制君权的意思。据《传》发问："曷为先言王而后言正月……"知鲁史本无"王"字，孔子加入。加入表什么意思呢？《解诂》说："春秋托新王受命于鲁。"《春秋》是孔子理想国的制度，标一"王"字，明新王之义。据《传》发问："何言乎王正月……"知鲁史作"一月"，孔子修"一"为"正"。又是什么意思呢？《传》说："大一统也。"《解诂》说："政教之始。"因为孔子常说"政者正也"，一年中初施政教那个月，改它做正月。据《传》发问："公何以不言即位……"知鲁史本有"公即位"三字，孔子删去。删去什么意思呢？《传》说："成公意也。"因鲁隐公让国，君子成人之美，故从其意不书即位。就这一条推勘，孔子修《春秋》怎么修法？修了何以能寄托微言大义？口说何以如此重要？都可以略见了。

《春秋》与正名主义

《春秋》既专用字句体例来表示义法，所以用字最谨严。第一步讲的就是正名主义。董子的《春秋繁露》有《深察名号》篇，专发明此理。他说：

> 春秋辨物之理以正其名，名物如其真，不失秋毫之末，故名陨石则后其五，言退鹢则先其六。圣人之谨于正名如此，君子于其言，无所苟而已矣。

所举石鹢的例证，见于《春秋·僖十六年》。

经文："春，王正月，戊申，朔，陨石于宋，五。是月，六鹢退飞，过宋都。"

传文："曷为先言陨而后言石？陨石记闻，闻其磌然。视之则石，察之则五。……曷为先言六而后言鹢？六鹢退飞，记见也，视之则六，察之则鹢，徐而察之则退飞。"

观此可知《春秋》用字，异常谨严，不唯字不乱下，乃至排字成句，先后位置，都极斟酌。将此条与"星陨如雨"条合观，可知所谓"名物如其真"，确费苦心。

《春秋》正名之义，全书皆是，今更举个显著的例：

经文："（桓公二年夏四月）取部大鼎于宋。"

传文："此取之宋，其谓之部鼎何？器从名，地从主人。器何以从名？地何以从主人？器之与人，非有即尔……至乎地之与人则不然。俄而可以为其有矣。然则为取可以为其有乎？曰：否……"

这一段说器物的名和地名，性质不同，故记载当各有格式。与《荀子·正名》篇所说名的品类，互相发明，都是论理学的重要基础。又说"取可以为其有乎"，是借动词应用的法则，表明所有权正确不正确的观念。凡读《春秋》，皆须如此。

《春秋》将种种名字详细剖析，而且规定它应用的法则，令人察名可以求义。就名词论，如时月日之或记或不记（或记春夏秋冬等，或否月日仿此）；如或称名，或称字，或称爵位或否，或称国，或称人。就动词论，如两君相见，通称曰会。《春秋》分出会、盟、遇、来、如等名，盟之中又有殊盟、莅盟、寻盟、胥命等名，会之中又有殊会、离会等名，皆将一名内容外包之大小，剖析精尽。又如同一返国得立之诸侯，而有入、纳、立（《隐四年解诂》：立、纳、入，皆为篡；《庄六年解诂》：国人立之曰"立"，他国立之曰"纳"，从外曰"入"），归、复归、复入（《桓十五年传》：复归者，出恶，归无恶；复入者，出无恶，入有恶；入者，出入恶；归者，出入无恶），种种异辞。

乃至介词连词之属，如及（《桓二年传》：及者何？累也；《隐元年传》：何以不言及仲子？仲子微也），如以（《桓十四年传》：以者，何行其意也），如遂（《桓八年传》：遂者，何生事也），如乃（《宣八年传》：乃者何，难也）。凡各种词，用之都有义例，这就是《春秋》严格的正名主义。

欲知正名主义的应用，最好将《春秋》所记各事，分类研究。今举弑君为例：

例一：（隐四年三月戊申）卫州吁弑其君完。

例二：（隐四年九月）卫人杀州吁于濮。

例三：（隐十一年冬十有一月壬辰）公薨，（桓元年春正月），公即位。

例四：（桓二年春王正月戊申）宋督弑其君与夷，及其大夫孔父。

例五：（文元年十月丁未）楚世子商臣弑其君髡。

例六：（僖九年冬）晋里克弑其君之子奚齐，（十年秋）晋里克弑其君卓子，及其大夫荀息。

例七：（文十六年）宋人弑其君处臼。

例八：（文十八年冬）莒弑其君庶其。

例九：（宣二年秋九月乙丑）晋赵盾弑其君夷皋。

例十：（成十八年春王正月戊申）晋弑其君州蒲。

例十一：（襄二十九年）阍弑吴子余祭。

例十二：（昭十三年）楚公子比自晋归于楚，弑其君虔于乾溪。楚公子弃疾弑公子比。

例十三：（昭十九年夏五月）许世子止弑其君买。（冬）葬许悼公。

例十四：（哀四年三月）盗弑蔡侯申，（冬十有二月）葬蔡昭公。

上所举十四例，就主词Subject方面研究，凡杀君之贼书其名，以明罪有所归，这是原则。如例一以下例四、例五、例六、例九、例十二、例十三，皆同。但其中却有分别，如例五之"楚世子商臣"加世子两字，以见不唯弑君，且是杀父，更罪大恶极了。例十三之"许世子止"，表面与例五全同，但内中情节不同。"世子止"是进药误杀，自己痛心，认为弑君。《春秋》许他认罪，然则怎样能表出他和商臣不同呢？下文有葬许悼公一条：《春秋》之例，"君弑贼不讨，不书葬，以为无臣子也"（《隐十一年》传文）。今书葬，便见止之罪可从末减了（《传》云："曰'许世子止弑其君买'，是君子之听止也；'葬许悼公'，是君子之赦止也"）。这是许人忏悔的意思。例九虽与例一同式，但弑君的人，是赵穿不是赵盾。因为盾力能讨贼而不讨，故把罪名加他。例十二之楚公子比，亦像与世子商臣同式，但情节又不同。这回弑君的实是弃疾，不是比。为什么书比呢？因为弃疾立比，虔便自杀，故把罪名加于比，这都是说弑君的人罪有应得。及之有弑君的人无主名的，是认被弑之君罪有应得。其例有三：（1）称人以弑。如例二、例七说，有些人弑他，这些人并非有罪。如例二的卫人，便是石碏主谋，碏是有功无罪。所以《传》引公羊子曰："其称人何？讨贼之辞也。"可见凡称"人"的，都含有讨贼意味。（2）称国以弑。如例九、例十一，《文十八年传》："称国以弑者，众弑君之辞。"（《解诂》）"一人弑君，国中人人尽喜，故举国以明失众，当坐绝也。"（《成十八年解诂》义略同）这明是说暴君该死，弑他是国民公意了。（3）称阍或称盗以弑。如例十一、例十四，被弑的虽未必得罪国民，然狎近小人，亦属咎由自取。称人称国，皆明弑者无罪，被弑者反有罪。称阍称盗，明弑者罪不足责，而被弑者亦与有罪。还有例十二之主词，亦表示被弑者有罪。言公子比归于楚，《春秋》之例，归无恶（见上）。所以加这一句，便反证楚灵王虔之该弑了。参合以上各条的义例，有一半是正弑君的罪名，使乱臣贼子惧。有一半是正被弑之人的罪名，使暴君凶父惧，真算得非常异义可怪之论了。可见孔子并不主张片面伦理。后人说"君虽不君，臣不可以不臣"，这些话绝非孔子之意。

更就宾词Object方面研究，被弑者称其君某，这是通例，但亦有分别。如例六书弑其君子之奚齐，因其末逾年未即位，未成乎为君。如例十二书楚公子弃疾弑公子比，明是两公子相杀，因弃疾胁比立之，已认为君，故加以弑名。如例四、例六皆连书及其大夫，所以表彰死难之臣。如例二书卫人杀州吁，明卫人并未认州吁为君，故不言弑而言杀。如例十一之吴子余祭，例十四之蔡侯申，皆不称其君，见被弑者与弑者并非有君臣之分。如例二书于濮，例十二书于乾溪，明其在国外，凡此皆因一二字之异同，定案情之差别，都是正名主义的作用。

《春秋》有一件最奇怪的事，凡鲁国篡弑之祸，它都不肯直书，但明白它的义例，推勘起来，案情依然分明。例如隐公为桓公所弑，据例三所举，在隐十一年书"公薨"二字，在桓元年书"公即位"三字，表面上一点看不出来。但须知《春秋》有两个例，一是君弑贼不讨不书葬，一是继弑君不言即位。别的公薨之后，都有"葬我君某公"一条，隐公底下没有，就知道他一定被弑而且是贼不讨了。继弑君本不该即位，桓公自行即位，《春秋》直书他，可见弑君的贼就是他了（《春秋繁露·玉英》云："桓之志无王，故不书王。其志欲立，故书即位。书即位者，言其弑君兄也"）。像这些，在经文上是很简单，都靠口授其指的传来说明，只要参伍错综研究一番，大义还是炳然。

以上所举，专论弑君一例（还未详尽）。其实全部《春秋》，都该如此读法。董仲舒曰："《春秋》慎辞，谨于名伦等物者也。"（《春秋繁露·精华》）又曰："《春秋》无通辞，从变而移。"（《竹林》篇）又曰："是故为《春秋》者，得一端而多连之，见一空而博贯之。"（《精华》篇）又曰："论《春秋》者，合而通之，缘而求之，五其比（五即参伍错综之伍），偶其类，览其绪，屠其赘。"（《玉杯》篇）又曰："贯比而论是非。"（《玉杯》篇）所谓慎辞，即是正名。名指单字，当论理学上所谓词Term。辞指连属成句，当论理学上所谓命题Proposition。《春秋》的辞和《易》的辞，性质很有点相同，都是用极严正极复杂的论理学组织出来，必要知孔子论理学的应用，才能读这两部书。

《春秋》之微言大义

司马迁说："《春秋》文成数万，其指数千。"（《史记·太史公自序》）若要把它一一罗列，非别成专书不可。但其中大半是为当时社会补偏救敝，在今日已无研究之必要，今仅刺取数条以见其概。

第一，张三世。《春秋》二百四十年，历十二公，分为三世。隐桓庄闵僖五公，名据乱世，内其国而外诸夏；文宣成襄四公，名升平世，内诸夏而外夷狄；昭定哀三公，名太平世，天下远近大小若一，夷狄进至于爵（《隐元年解诂》）。升平世当《礼运》之小康，太平世当《礼运》之大同。但《礼运》大同，悬想古代大道之行，小康乃指后世。大道即隐，像是希图复古。《春秋》则由据乱而升平而太平，纯是进化的轨道。孔子盖深信，人类若肯努力，世运必日日向上，所以拿《春秋》做个影子。太平世的微言，可惜传中所存甚少；内中最显明的，就是抛弃褊狭的国家主义、种族主义，专提倡世界主义，这确是对于当时封建制度一种革命思想。

第二，以元统天，以天正君。《春秋》发端之元年春王正月，谓之五始。《春秋繁露》说："《春秋》变一谓之元。"元，犹原也。元为万物之本，乃在乎天地之前（《重政》篇）。又说："以元之深，正天之端，以天之端，正王之政。"（《二端》篇，《隐元年解诂》同）这个"元"字，就是《易》"大哉乾元，万物资始，乃统天"的"元"字，就是无方无体之易，就是自然法。天是指自然界的现象，以元统天是说自然法支配自然现象。以天正君者，谓人君当察自然现象之变迁以求合于自然法。原来古代迷信思想甚多，以为自然界的灾变，都与人事有关。孔子是否仍有这种迷信，不敢断定，但他以为利用这种观念，叫时主有所忌惮，也是一种救济良法。所以全部《春秋》，记灾异甚多，都含有警告人的意味。这种用意本甚好，但后来汉儒附会太过，便成妖诬了。

第三，重人。子夏说："《春秋》重人，诸讥皆本此。"（《春秋繁露·俞序》引）这句话，可谓得《春秋》纲领。《春秋》对于当时天子诸侯大夫，凡有劳民、伤民，多取予之事，一一讥刺，无假借（《传》及《春秋繁露》引证极多，不具列）。不外欲裁抑强有力者之私欲，拥护多数人之幸福。对于违反民意之君主，概予诛绝。如前所举弑君诸条，是其明证。僖十九年书梁亡，《传》云："自亡也，其自亡奈何？鱼烂而亡也。"解诂云："明百姓得去之君当绝者。"据《春秋》例，灭国罪极重。梁本为秦所灭，乃《春秋》不著秦灭国之罪，而言梁自亡，是专明违反民意的暴君，理宜灭绝。隐四年书卫人立晋，《传》云："孰立之？石碏立之。石碏立之，则其称人何？众之所欲立也。"凡此之类，皆表绝对尊重民意之义。

第四，无义战。孟子说："《春秋》无义战。"董仲舒说："《春秋》之敬贤重民如是……是故战攻侵伐，虽数百起，必一二书，伤其害所重也……会同之事，大者主小；战伐之事，后者主先……使起之者居下，是其恶战伐之辞已。"（《春秋繁露·竹林》）可见《春秋》是绝对主张平和之义，和《墨子》非攻之旨正同。

第五，讥世卿。《春秋》全书大精神，在反对当时贵族政治，所以认为世袭执政的制度最不好。《隐三年》书尹氏卒，《宣十年》书齐崔氏出奔卫。就字面读去，很像不通。为什么不书尹某崔某？难道姓尹的同一日都死绝吗？难道姓崔的都跑完吗？两处的《传》都说："其称尹氏何？贬。曷为贬？讥世卿。"（《昭三十一年传》大夫之义不得世，亦同此意）所以昭二十三年书尹氏立王子朝，是说明后一百多年乱国的尹氏，与前一百多年死的尹氏，是同一族人。若从前死了不世袭，何至有后来之祸呢（《襄二十五年》齐崔杼弑其君光与前文崔氏出奔相应）？这就是《春秋》微言大义。此外大夫无遂事（《桓八年》《庄十九年》《僖三十年》《襄二年》《襄十二年》传文），讥父老子代从政（《桓五年》《桓九年》传文），都是这个意思。

第六，贵让。《礼运》说："争夺相杀，谓之人患。"孔子以为一切祸害，都起于争夺，所以最奖励让德。《春秋》记让国之人有八：（一）鲁隐公、（二）宋宣公、（三）宋缪公、（四）宋公子目夷、（五）卫叔武、（六）曹公子喜时、（七）吴季札、（八）邾叔术，文中都备极奖。虽有别的罪恶，都为之讳。意思是拿来和当时篡弑之祸做反对的比照，是一种救世苦心。

第七，恶诈。诈是诈伪，孔子所最恶。《文三年》《襄十四年》《襄二十六年》《哀六年》《哀十三年》传文，皆特别发明此义。例如战争本已是罪恶，诈战则罪恶尤重。《春秋繁露》说《春秋》："恶诈击而善偏战。"（偏战谓约日定地，各居一面鸣鼓而战，不相诈，见《解诂》）又说："《春秋》之于偏战也……比之诈战，则谓之义，比之不战，则谓之不义。"（俱《竹林》篇，孟子所谓彼善于此，即指偏战）。所以兵家"兵不厌诈"之说，儒家是极反对的。用兵尚且如此，其他可知。

第八，重志。《春秋繁露》说："《春秋》之论事，莫重于志。"（《玉杯》篇）志是指行为的动机。孔子最重动机，拿来做善恶的最高标准，所以《论语》说："苟志于仁矣，无恶也。"《春秋》传中有许多"成其志""如其志"等文，后世所谓诛心之论，就指此类（多不具引）。这是鞭辟近里的意思，原来是极要的。但专论动机，不问成绩的好坏，也是不对，所以《春秋》有些地方，特别矫正。例如宋宣公让国给兄弟缪公，缪公又让还给侄儿与夷，两位的志，自然都是极好，但因此酿起争端。缪公的儿子冯，到底弑了与夷，结果是不好了。《春秋》虽然嘉许宣缪之让，却说宋之祸，宣公为之也（《隐三年》）。可见孔子论善恶，原不专偏于动机一面。

以上八条，不过我个人认为重要的，随手举来。此外《春秋》的大义，不下百条，限于篇幅，恕不多述。就一方面看，《春秋》不算得孔子的法典，所以汉辕固生在窦太后前毁《老子》书，太后翻脸骂他，说："安得司空城旦书乎？"（司空城旦，汉刑律名）。但孔子是主张礼治主义的人，说《春秋》全是法典性质，也有点不对。

董仲舒说《春秋》有十指，前三指最为握要。他说："举事变见有重焉，一指也。见事变之所至者，一指也。因其所以至者而治之，一指也。"（《春秋繁露·十指》）事变之所至是结果，所以至者是原因。既知原因，想方法对治它，以求免于恶结果，便是作《春秋》的本意。